NAPOLÉON BONAPARTE

Tendresses Impériales

Avec une Lettre-Préface
DE MAURICE BARRÈS

PAR

ABEL GRI

PARIS

BIBLIOTHÈQUE INTERNATIONALE D'ÉDITION

Edouard SANSOT, Éditeur

7, Rue de l'Éperon, 7

TENDRESSES IMPÉRIALES

NAPOLÉON BONAPARTE

TENDRESSES IMPÉRIALES

AVEC UNE LETTRE-PRÉFACE PAR

ABEL GRI

> L'Amour est l'occupation de l'homme
> oisif, la distraction du guerrier, l'écueil
> du souverain.
>
> (NAPOLÉON BONAPARTE.)

PARIS

BIBLIOTHÈQUE INTERNATIONALE D'ÉDITION

E. SANSOT & Cie

9, rue de l'Éperon, 9

MCMXIII

*Que diriez-vous d'une série qui grouperait les récits
envoyés du théâtre de leurs exploits à leurs maîtresses par
nos héros et qui nous les ferait voir dans l'instant où
l'amour agit sur eux comme un ferment d'héroïsme ? Les
lettres du jeune général en chef de l'armée d'Italie ouvri-
raient cette collection.*

(MAURICE BARRÈS.)

(Préface des « *Lettres du lieutenant-colonel Moll* ».)

LETTRE-PRÉFACE

A

M. MAURICE BARRÈS

Voir réunies, en une page d'héroïsme et de passion, les lettres d'amour du jeune général en chef de l'armée d'Italie, c'est une idée qui vous fut chère et que voici réalisée.

En y joignant le « Dialogue sur l'Amour » qu'écrivit le jeune lieutenant d'artillerie et les billets fiévreux que l'Empereur fit parvenir à Marie Walewska, nous ajoutons les clartés et les ombres qui feront mieux valoir la figure du héros.

Il n'est pas jusqu'à cet âpre énoncé des articles du Code qui, comme la gravure sévère de quelque eau-forte, ne puisse fixer dans notre cerveau la pensée austère du Maître.

Nous ne dirons pas l'histoire de ses amours. Si nous les savons multiples, nous avons retenu qu'elles ne l'obsédèrent pas. Sans les considérer comme une tare, il pensait justement qu'elles

étaient un mal inévitable à l'homme sans foyer,
et que, pour cette raison, mieux valait les taire
et les cacher.

C'est encore l'aimer que de ne pas attacher
d'importance aux actes de sa vie qu'il estimait
négligeables.

Aussi, sa tendresse pour Marie Walewska
n'aura-t-elle que l'agrément d'une faiblesse s'en-
tourant de romantisme.

Elle aura le charme troublant d'une page de
littérature où l'amour dispute l'être aimé à la
curiosité des foules et à la raillerie des pamphlé-
taires. Malgré ses moments de véritable grandeur et malgré l'inaltérable souvenir qu'il lui
garda, l'aventure polonaise ne restera qu'une
aventure, sans doute plus longue, plus relevée
parmi les autres, mais dont on n'a pas à chercher les conséquences, parce qu'elle ne pouvait
pas en avoir dans la pensée et par la volonté du
héros.

L'idée du rétablissement d'un royaume par
l'intervention de l'amour ne sera qu'une chimère conçue par l'héroïne et narrée avec volupté
par les écrivains épris de son histoire.

L'ascension au trône d'une concubine n'est
qu'une autre folie de ceux qui s'ingénièrent à
voir un passionné chez Napoléon.

Il eût été plus vrai de dire que par Napoléon

l'amour n'est ni recherché, ni surtout glorifié. Il est combattu. L'Empereur ne l'accepte que dans le mariage, sans l'y croire nécessaire. Pour lui, le mariage est un devoir social. C'est un acte légitime que nous devons accomplir, que le souverain doit imposer à ses sujets et à l'accomplissement duquel il prêtera son encouragement. C'est un moyen de fonder une famille, une nation, une dynastie. Si fragiles que soient des unions que, seule, la volonté explique, il les veut définitives. Si le divorce est inscrit dans ses lois, ce n'est qu'entouré de mille entraves qui le rendent difficile à appliquer et d'aspect si redoutable que la plupart des solliciteurs s'en détournent. Il croit qu'il n'est rien de durable que ce qu'a bâti la volonté tenace. Il sait que les énergies sont rares et que la foule, quoique mobile, est soumise, parce que craintive. La rigueur de ses lois forcera son peuple à la vertu.

Aussi l'amour n'apparaît à ses yeux que comme un libertinage. Il le voit sous son aspect physique, et de suite il entrevoit les déchéances où conduisent les passions. Économe de l'énergie de son peuple comme de la sienne, il utilise même les circonstances quotidiennes pour bannir de son entourage l'idée de l'amour et l'habituer à des pensées plus austères. La perte d'une amante provoque-t-elle un suicide parmi ses

1.

troupes, de suite il fait lire une proclamation dans laquelle il est dit qu' « un soldat doit vaincre la douleur et la mélancolie de ses passions ». L'histoire ne dit pas quelle femme fut cause de ce drame. Maîtresse ou épouse, la proclamation eût été la même. Dans sa pensée, l'homme se doit à une tâche plus sévère que celle d'aimer. L'amour est l'affaire des femmes, dont il exige la fidélité. Non pas qu'en soi il donne une grande importance à l'adultère. Il le dit « commun » et c'est une « affaire de canapé ». Mais s'il le comprend, il ne l'excuse pas et les mœurs qu'imposera son exemple contribueront à en diminuer les causes. Il veut les épouses respectées. Il écarte d'elles les galants, supprimant ainsi toutes excuses à leur faute. Si malgré tant de soins la trahison n'a pu être évitée, il se gardera bien de l'ébruiter, d'user même de l'autorité de ses lois. Il sait qu'un malheur conjugal ne doit pas s'avouer.

Ceci explique le ton enjoué de ses lettres à Joséphine, où les rares menaces sont plutôt des avis de discrétion. Alors il écrit : « Ne te fie pas, et je te conseille de te bien garder la nuit, car une de ces prochaines tu entendras grand bruit. »

Aussi sa correspondance est-elle d'une lecture passionnante et triste.

Bonaparte, à vingt-six ans (1), se marie avec Joséphine, âgée de quelques années de plus que lui (2). Elle est veuve. Elle est créole. Elle a passé sa vie dans l'oisiveté. Celle du jeune Bonaparte s'est passée dans l'étude et dans les combats. Il ne sait des femmes et de l'amour que ce qu'il en a observé avec une amère justesse. Mais que peut l'observation d'un jeune homme quand, pour la combattre, on a le visage, la grâce de séduction et l'expérience de Joséphine.

Pour conquérir une place, une fortune, un droit aux honneurs, elle usa de la seule arme qui était en son pouvoir. Une prescience lui disait que tout cela, ce jeune homme timide avec elle, mais énergique avec les événements, saurait le lui offrir.

Et il en fut ainsi.

Dès le soir du mariage, c'est, de la rue Chantereine, le hâtif départ vers la gloire. Et bientôt les nouvelles parviennent, apportant chacune l'annonce d'un triomphe, d'un pas vers l'empire dont elle rêve peut-être dans son imagination orientale, mais certainement l'assurance d'un peu plus de cet argent dont elle se montrera si prodigue.

(1) Né en 1769.
(2) Née à la Martinique en 1763. Elle avait 32 ans.

Pendant qu'il écrit ces fiévreux billets le soir, sous la tente, parmi l'éparpillement des cartes et des rapports, lorsque dorment ses soldats harassés, Joséphine, oublieuse des promesses récentes, se laisse aller à l'ardeur de son tempérament. Bonaparte en reçoit la nouvelle en Égypte. De suite il songe au divorce. Ce qu'il y a de brutal et d'orgueilleux dans son caractère lui présente ce moyen prompt de sauver son honneur.

Mais bientôt il fait un lent et puissant effort sur lui-même, s'appliquant à discuter, à peser la gravité et les conséquences de la rupture.

Il commande un corps d'expédition. Il a décidé d'atteindre le pouvoir à son retour en France. Des ennemis l'entourent. Ira-t-il prêter le flanc aux railleries en faisant connaître à tous ce qui n'est su que de quelques-uns? Ainsi les années passent. Il grandit dans sa puissance. En Italie, il est trop tard déjà pour exiger cette réparation. La blessure est plus ancienne aussi. Il la pourra supporter. Les efforts faits pour reconquérir Joséphine sont restés vains. Il eût fallu qu'il demeurât près d'elle à la distraire, à la choyer. Mais son destin l'appelait aux armées.

La certitude de toute maternité impossible chez l'Impératrice, seule, le détermina à la rupture. Encore ne put-il l'accepter définitive. Il sentit le besoin de la savoir proche de lui et heureuse par ses soins.

Perpétuel combat entre l'amour et la destinée, voilà toute la vie de Napoléon avec Joséphine.

Maintenant que nous connaissons les idées de l'Empereur sur l'amour et le mariage, on peut demeurer surpris de voir sa conduite.

Quand on songe qu'il avoua ses maîtresses à Joséphine, lui présenta Mme Walewska, et que l'ayant répudiée il ne voulut cesser de la voir, quelle extraordinaire complexité de caractère ne découvre-t-on pas en lui !

Deux causes expliquent cette conduite : l'éducation littéraire de Bonaparte et le rôle d'initiatrice de Joséphine.

Napoléon dans sa rudesse garde un fond de rêverie qui combat sans cesse son positivisme natif. Cela il le doit à sa jeunesse isolée, malheureuse même, dépourvue de caresses et de cet argent avec lequel s'achètent les illusions de celles-ci. Il a vu des femmes, sans doute, mais leurs rangs si supérieurs au sien l'ont forcé à n'être que tendre et « troubadour » auprès d'elles. Ce furent les idylles de Valence. De celles qui se donnent, il connaît seulement les filles vénales comme celle interrogée un soir de fièvre sous les galeries du Palais-Royal.

La lecture de Rousseau l'exalta. Il a rêvé une

Mme de Warens. Il croit la découvrir dans cette créole s'offrant à lui, prestigieuse, entourée des souvenirs de son Orient natal. Il l'aime d'autant plus qu'il n'osait espérer lui plaire.

De son côté, Joséphine trouva de l'agrément à séduire ce jeune homme qu'elle savait chaste. Pour cette voluptueuse c'était une conquête bien tentante. Ce que furent leur fièvre, nous le devinons. Dans leur hâte de possession, ils ne surent attendre leur mariage.

Tout ce qu'une femme dont l'amour est la seule pensée peut mettre de science, de raffinement, de recherche dans l'étreinte, il est certain que Joséphine le révéla à Bonaparte étonné et ravi. Pour elle il fut un jouet. Elle le trouva même « drôle » et par ce plaisir qu'elle donnait contre toute attente elle le posséda. De lui avoir fait connaître un amour qu'il imaginait seulement dans les romans, Bonaparte lui en fut toute sa vie reconnaissant. Ce conquérant l'aime parce qu'elle l'a vaincu, qu'elle l'a su tenir, lassé, près d'elle et cependant heureux.

Aussi il aura pour elle des empressements de petit-maître, de délicates attentions, des pardons même. Elle peut tout faire : le tromper, se vendre et s'endetter. Qu'importe ! Il sait qu'il trouvera en elle un superbe instrument de plaisir plus vibrant et plus riche que tous les autres.

Aux heures de réflexion, dans les nuits aux camps, sa pensée s'applique à comprendre Joséphine. Il évoque les amants à qui elle se donne avec la même fougue qu'à lui-même. Si, dans son instinct de mâle, il est jaloux, sa fierté d'homme ne se révolte pas. Il sait qu'il n'a qu'à reparaître pour les lui faire oublier tous. Sa gloire, sa richesse lui ajoutent un prestige dont il connaît la force. « Ce qu'on aime en nous c'est notre bonheur », pense-t-il. Il se dit aussi qu'une femme dont les sens sont si prompts ne pourra jamais commander à l'esprit d'un homme. Pas plus qu'elle ne se souvient de lui absent, il ne redoute de subir son action quand il l'a quittée. Cela le séduit d'avoir une femme ne songeant qu'à le distraire sans penser à le commander. Enfin c'est surtout parce qu'elle fut l'initiatrice qu'il ne l'oublie jamais. Elle peut vieillir et avec l'âge voir s'éteindre la possibilité des étreintes. Qu'importe ! Elle l'a fait vibrer avant toutes les autres. S'il n'hésite pas même à lui avouer ses infortunes galantes, c'est qu'il est certain de trouver sur son sein un mol oreiller pour sa peine et dans ses mains, qui eurent tant de luxurieuses caresses, une dernière étreinte pour apaiser son cœur. Il sait qu'elle l'aidera à dénouer d'aventureuses liaisons, trouvant dans cette compromission l'agrément de se voir rechercher encore.

Vu de la sorte, le caractère de Napoléon apparaît sans étrangeté. Il s'est imposé, où son esprit le conduisait à n'avoir d'autre maître que lui et à laisser la femme en marge de sa pensée.

Une conception de la vie entièrement consacrée à la réalisation ferme d'un grand projet oblige à ne considérer les autres sentiments que comme des plaisirs et à faire que ceux qui les éveillent en nous ne puissent devenir rien autre que des amuseurs.

L'esprit pourra s'ingénier à concevoir une vie calme où les droits de la famille et ceux du devoir seront justement équilibrés, il semble qu'une loi conduise les êtres supérieurs à ne pas s'y arrêter. Ce calme, ce repos familial, dans les minutes de découragement ils regretteront parfois de ne l'avoir pas, mais ne s'attarderont pas à cette mélancolie. Immenses dans leurs besoins, ceux dont Napoléon a dit qu'ils « étaient des météores destinés à brûler pour éclairer la terre » seront toujours conduits à s'éprendre de ce qui sera énervant comme le sont la lutte et les courtisanes, si l'on veut entendre par courtisanes non les filles simplement vénales, mais celles qui trouvent à se donner une satisfaction aussi vive que le guerrier à vaincre. Pour les courtisanes et pour le conquérant, l'or et le butin de l'amant et du vaincu sont les conséquences naturelles, mais négligeables d'une action puissante. Offrandes et rançons seront vite dissipées, et de tant de fortunes et de conquêtes il ne restera pour l'éternité que l'immense souvenir de leur agitation.

Napoléon cherchant la femme qui l'aimera pour lui-même et n'aimera que lui, l'artiste demandant celle qui le comprendra et lui construira un foyer, obéissent à une loi de contraste de notre esprit. En donnant Joséphine à Napoléon et d'ardentes maîtresses aux chastes artistes, les lois surnaturelles semblent avoir voulu surchauffer les sens de ces héros pour mieux libérer leurs esprits en leur présentant de la femme une idée physique et irrespectueuse à laquelle ils ne sauraient s'attacher sans déchoir.

Abel GRI.

TENDRESSES IMPÉRIALES

LETTRES DU GÉNÉRAL EN CHEF

DE L'ARMÉE D'ITALIE

LETTRE I

A Joséphine, à Milan.

Marmirolo, le 29 messidor, 6 heures du soir
(17 juillet 1706).

Je reçois ta lettre, mon adorable amie ; elle a rempli mon cœur de joie. Je te suis obligé de la peine que tu as prise de me donner de tes nouvelles ; ta santé doit être meilleure aujourd'hui ; je suis sûr que tu es guérie. Je t'engage fort à monter à cheval, cela ne peut pas manquer de te faire du bien.

Depuis que je t'ai quittée, j'ai toujours été triste. Mon bonheur est d'être près de toi. Sans cesse je repasse dans ma mémoire tes baisers, tes larmes, ton aimable jalousie, et les charmes de l'incomparable Joséphine allument sans cesse une flamme vive et brûlante dans mon cœur et dans mes sens. Quand, libre de toute inquiétude, de toute affaire, pourrai-je passer tous mes instants près de toi, n'avoir qu'à t'aimer, et ne penser qu'au bonheur de te le dire et de te le prouver? Je t'enverrai ton cheval; mais j'espère que tu pourras me rejoindre. Je croyais t'aimer il y a quelques jours; mais, depuis que je t'ai vue, je sens que je t'aime mille fois plus encore. Depuis que je te connais, je t'adore tous les jours davantage : cela prouve combien la maxime de La Bruyère, que *l'amour vient tout d'un coup*, est fausse. Tout, dans la nature, a un cours et différents degrés d'accroissement. Ah! je t'en prie, laisse-moi voir quelques-uns de tes défauts; sois moins belle, moins gracieuse, moins tendre, moins bonne surtout; surtout ne sois jamais jalouse, ne pleure jamais; tes larmes m'ôtent la raison, brûlent mon sang. Crois bien qu'il n'est plus en mon pouvoir d'avoir une pensée qui ne soit pas à toi, et une idée qui ne te soit pas soumise.

Repose-toi bien. Rétablis vite ta santé. Viens me rejoindre; et, au moins, qu'avant de mourir, nous puissions dire : « Nous fûmes tant de jours heureux !! »

Millions de baisers et même à Fortuné (1), en dépit de sa méchanceté.

BONAPARTE..

____

(1) Petit chien de Joséphine.

LETTRE II

A Joséphine, à Milan.

Marmirolo, le 19 messidor, 2 heures après-midi
(18 juillet 1796).

J'ai passé toute la nuit sous les armes. J'aurais eu Mantoue par un coup hardi et heureux ; mais les eaux du lac ont promptement baissé, de sorte que ma colonne qui était embarquée n'a pu arriver. Ce soir, je recommence d'une autre manière, mais cela ne donnera pas des résultats aussi satisfaisants.

Je reçois une lettre d'Eugène, que je t'envoie. Je te prie d'écrire de ma part à ces aimables enfants et de leur envoyer quelques bijoux. Assure-les bien que je les aime comme mes enfants. Ce qui est à toi ou à moi se confond tellement dans mon cœur, qu'il n'y a aucune différence.

Je suis fort inquiet de savoir comment tu te portes, ce que tu fais. J'ai été dans le village de Virgile, sur les bords du lac, au clair argentin de la lune, et pas un instant sans songer à Joséphine !

L'ennemi a fait le 28 une sortie générale ; il nous a tué ou blessé deux cents hommes, il en a perdu cinq cents en rentrant avec précipitation.

Je me porte bien. Je suis tout à Joséphine, et je n'ai de plaisir ni de bonheur que dans sa société.

Trois régiments napolitains sont arrivés à Brescia; ils se sont séparés de l'armée autrichienne, en conséquence de la convention que j'ai conclue avec M. Pignatelli.

J'ai perdu ma tabatière; je te prie de m'en choisir une un peu plate, et d'y faire écrire quelque chose dessus, avec tes cheveux.

Mille baisers aussi brûlants que tu es froide. Amour sans bornes et fidélité à toute épreuve. Avant que Joseph (1) parte, je désire lui parler.

BONAPARTE.

(1) Frère aîné de Napoléon, devenu roi d'Espagne.

LETTRE III

A Joséphine, à Milan.

Marmirolo, 1er thermidor an IV (19 juillet 1790).

Il y a deux jours que je suis sans lettres de toi. Voilà trente fois aujourd'hui que je me suis fait cette observation, tu sens que cela est bien triste; tu ne peux pas douter cependant de la tendre et unique sollicitude que tu m'inspires.

Nous avons attaqué hier Mantoue. Nous l'avons chauffée avec deux batteries à boulets rouges et des mortiers. Toute la nuit cette misérable ville a brûlé. Ce spectacle était horrible et imposant. Nous nous sommes emparés de plusieurs ouvrages extérieurs, nous ouvrons la tranchée cette nuit. Je vais partir pour Castiglione demain avec le quartier général, et je compte y coucher.

J'ai reçu un courrier de Paris. Il y avait deux lettres pour toi; je les ai lues. Cependant, bien que cette action me paraisse toute simple et que tu m'en aies donné la permission l'autre jour, je crains que cela ne te fâche, et cela m'afflige bien. J'aurais voulu les recacheter: fi! ce serait une horreur. Si je suis coupable, je te demande grâce; je te jure que ce n'est pas par jalousie; non, certes, j'ai de mon adorable amie une trop grande opinion pour cela. Je voudrais que tu me donnasses permission entière de lire tes lettres; avec cela il n'y aurait plus de remords ni de crainte.

Achille arrive en courrier de Milan; pas de lettres de mon adorable amie! Adieu, mon unique bien. Quand pourras-tu venir me rejoindre? Je viendrai te prendre moi-même à Milan.

Mille baisers aussi brûlants que mon cœur, aussi purs que toi.

Je fais appeler le courrier; il me dit qu'il est passé chez toi, et que tu lui as dit que tu n'avais rien à lui ordonner. Fi! méchante, laide, cruelle, tyranne, petit joli monstre! Tu te ris de mes menaces, de mes sottises; ah! si je pouvais, tu sais bien, t'enfermer dans mon cœur, je t'y mettrais en prison.

Apprends-moi que tu es gaie, bien portante et bien tendre.

BONAPARTE.

LETTRE IV

A Joséphine, à Milan.

Castiglione, le 3 thermidor an IV, 8 heures du matin
(21 juillet 1796).

J'espère qu'en arrivant ce soir je recevrai une de tes lettres. Tu sais, ma chère Joséphine, le plaisir qu'elles me font, et je suis sûr que tu te plais à les écrire. Je partirai cette nuit pour Peschiera, pour les montagnes de....., pour Vérone et de là j'irai à Mantoue et peut-être à Milan, recevoir un baiser, puisque tu m'assures qu'ils ne sont pas glacés; j'espère que tu seras parfaitement rétablie alors, et que tu pourras m'accompagner à mon quartier général pour ne plus me quitter. N'es-tu pas l'âme de ma vie et le sentiment de mon cœur?

Tes protégés sont un peu vifs, ils sentent l'ardent. Combien je leur suis obligé de faire en eux quelque chose qui te soit agréable. Ils se rendront à Milan. Il faut en tout un peu de patience.

Adieu, belle et bonne, toute non pareille, toute divine ; mille baisers amoureux.

BONAPARTE.

LETTRE V

A Joséphine, à Milan.

Castiglione, le 4 thermidor an IV (22 juillet 1796).

Les besoins de l'armée exigent ma présence dans ces environs; il est impossible que je puisse m'éloigner jusqu'à venir à Milan; il me faudrait cinq à six jours et il peut arriver pendant ce temps-là des mouvements où ma présence pourrait être urgente ici.

Tu m'assures que ta santé est bonne; je te prie en conséquence de venir à Brescia. J'envoie à l'heure même Murat pour t'y préparer un logement dans la ville, comme tu le désires.

Je crois que tu feras bien d'aller coucher le 6 à Cassano, en partant fort tard de Milan, et de venir le 7 à Brescia, où le plus tendre des amants t'attend. Je suis désespéré que tu puisses croire, ma bonne amie, que mon cœur puisse s'ouvrir à d'autres qu'à toi; il t'appartient par droit de conquête et cette conquête sera solide et éternelle. Je ne sais pourquoi tu me parles de Mme Te..., dont je me soucie fort peu, ainsi que des femmes de Brescia. Quant à tes lettres qu'il te fâche que j'ouvre, celle-ci sera la dernière; ta lettre n'était pas arrivée.

Adieu, ma tendre amie, donne-moi souvent de

tes nouvelles. Viens promptement me joindre et sois heureuse et sans inquiétude; tout va bien, et mon cœur est à toi pour la vie.

Aie soin de rendre à l'adjudant général Miollis la boîte de médailles qu'il m'écrit t'avoir remise. Les hommes sont si mauvaise langue et si méchants qu'il faut se mettre en règle sur tout.

Santé, amour et prompte arrivée à Brescia.

J'ai à Milan une voiture à la fois de ville et de campagne; tu te serviras de celle-là pour venir. Porte avec toi ton argenterie et une partie des objets qui te sont nécessaires. Voyage à petites journées et pendant le frais, afin de ne pas te fatiguer. La troupe ne met que trois jours pour se rendre à Brescia. Il y a, en poste, pour quatorze heures de chemin. Je t'invite à coucher le 6 à Cassano; je viendrai à ta rencontre le 7, le plus loin possible.

Adieu, ma Joséphine. Mille tendres baisers.

BONAPARTE.

LETTRE VI

A Joséphine, à Milan.

Brescia, le 13 fructidor an IV (10 août 1796).

J'arrive, mon adorée amie, ma première pensée est de t'écrire. Ta santé et ton image ne sont pas sorties un instant de ma mémoire pendant toute la route. Je ne serai tranquille que lorsque j'aurai reçu des lettres de toi. J'en attends avec impatience. Il n'est pas possible que tu te peignes mon inquiétude. Je t'ai laissée triste, chagrine et demi-malade. Si l'amour le plus profond et le plus tendre pouvait te rendre heureuse, tu devrais l'être... Je suis accablé d'affaires.

Adieu, ma douce Joséphine; aime-moi, porte-toi bien et pense souvent, souvent à moi.

BONAPARTE.

LETTRE VII

A Joséphine, à Milan.

Brescia, le 14 fructidor an IV (31 août).

Je pars à l'instant pour Vérone. J'avais espéré recevoir une lettre de toi ; cela me met dans une inquiétude affreuse. Tu étais un peu malade lors de mon départ ; je t'en prie, ne me laisse pas dans une pareille inquiétude. Tu m'avais promis plus d'exactitude ; ta langue était cependant bien d'accord alors avec ton cœur... Toi, à qui la nature a donné douceur, aménité et tout ce qui plaît, comment peux-tu oublier celui qui t'aime avec tant de chaleur ? Trois jours sans lettres de toi ; je t'ai cependant écrit plusieurs fois. L'absence est horrible, les nuits sont longues, ennuyeuses et fades ; la journée est monotone.

Aujourd'hui, seul avec les pensées, les travaux, les écritures, les hommes et leurs fastueux projets, je n'ai pas même un billet de toi que je puisse presser contre mon cœur.

Le quartier général est parti ; je pars dans une heure. J'ai reçu cette nuit un exprès de Paris ; il n'y avait pour toi que la lettre ci-jointe qui te fera plaisir.

Pense à moi, vis pour moi, sois souvent avec ton bien-aimé et crois qu'il n'est pour lui qu'un seul malheur qui l'effraie, ce serait de n'être plus aimé de sa Joséphine. Mille baisers bien doux, bien tendres, bien exclusifs.

Fais partir de suite M. Monclas pour Vérone; je le placerai. Il faut qu'il soit arrivé avant le 18.

BONAPARTE.

LETTRE VIII

A Joséphine, à Milan.

Ala, le 17 fructidor an IV (3 septembre 1796).

Nous sommes en pleine campagne, mon adorable amie ; nous avons culbuté les postes ennemis ; nous leur avons pris huit ou dix chevaux avec un pareil nombre de cavaliers. La troupe est très gaie et bien disposée. J'espère que nous ferons de bonnes affaires et que nous entrerons dans Trente le 19.

Point de lettres de toi ; cela m'inquiète vraiment ; l'on m'assure cependant que tu te portes bien et que même tu as été te promener au lac de Côme. J'attends tous les jours et avec impatience le courrier où tu m'apprendras de tes nouvelles ; tu sais combien elles me sont chères. Je ne vis pas loin de toi ; le bonheur de la vie est près de ma douce Joséphine. Pense à moi ! Écris-moi souvent, bien souvent ; c'est le seul remède à l'absence ; elle est cruelle, mais sera, j'espère, momentanée.

BONAPARTE.

LETTRE IX

A Joséphine, à Milan.

Montebello, le 24 fructidor an IV, à midi
(10 septembre 1796).

L'ennemi a perdu, ma chère amie, dix-huit mille hommes prisonniers; le reste est tué ou blessé. Wurmser, avec une colonne de quinze cents chevaux et cinq mille hommes d'infanterie, n'a plus d'autre ressource que de se jeter dans Mantoue.

Jamais nous n'avons eu de succès aussi constants et aussi grands. L'Italie, le Frioul, le Tyrol sont assurés à la République. Il faut que l'empereur crée une seconde armée; artillerie, équipages de pont, bagages, tout est pris.

Sous peu de jours nous nous verrons; c'est la plus douce récompense de mes fatigues et de mes peines.

Mille baisers ardents et bien amoureux.

BONAPARTE.

LETTRE X

A Joséphine, à Milan.

Ronco, le 26 fructidor an IV, à 10 heures du matin
(12 septembre 1796).

Je suis ici, ma chère Joséphine, depuis deux jours, mal couché, mal nourri et bien contrarié d'être loin de toi.

Wurmser est cerné; il a avec lui trois mille hommes de cavalerie et cinq mille hommes d'infanterie. Il est à Porto-Legagno; il cherche à se retirer à Mantoue; mais cela lui devient désormais impossible. Dès l'instant que cette affaire sera terminée, je serai dans tes bras.

Je t'embrasse un million de fois.

BONAPARTE.

LETTRE XI

A Joséphine, à Milan.

Vérohe, premier jour complémentaire an IV
(le 17 septembre 1796).

Je t'écris, ma bonne amie, bien souvent, et toi peu. Tu es une méchante et une laide, bien laide, autant que tu es légère. Cela est perfide, tromper un pauvre mari, un tendre amant! Doit-il perdre ses droits parce qu'il est loin, chargé de besogne, de fatigue et de peine? Sans sa Joséphine, sans l'assurance de son amour, que lui reste-t-il sur la terre? Qu'y ferait-il?

Nous avons eu hier une affaire très sanglante; l'ennemi a perdu beaucoup de monde et a été complétement battu. Nous lui avons pris le faubourg de Mantoue.

Adieu, adorable Joséphine; une de ces nuits, les portes s'ouvriront avec fracas : comme un jaloux, et me voilà dans tes bras.

Mille baisers amoureux.

BONAPARTE.

LETTRE XII

A Joséphine, à Milan.

Modène, le 23 vendémiaire an V, à 9 heures du soir.
(17 octobre 1796).

J'ai été avant-hier toute la journée en campagne. J'ai gardé hier le lit. La fièvre et un violent mal de tête, tout cela m'a empêché d'écrire à mon adorable amie; mais j'ai reçu ses lettres; je les ai pressées contre mon cœur et mes lèvres, et la douleur de l'absence, cent milles d'éloignement, ont disparu. Dans ce moment je t'ai vue près de moi, non capricieuse et fâchée, mais douce, tendre, avec cette onction de bonté qui est exclusivement le partage de ma Joséphine. C'était un rêve; juge si cela m'a guéri de la fièvre. Tes lettres sont froides comme cinquante ans, elles ressemblent à quinze ans de mariage. On y voit l'amitié et les sentiments de cet hiver de la vie. Fi! Joséphine!... C'est bien méchant, bien mauvais, bien traître à vous. Que vous reste-t-il pour me rendre bien à plaindre? Ne plus m'aimer? Eh! c'est déjà fait. Me haïr? Eh bien! je le souhaite, tout avilit hors la haine; mais l'indifférence au pouls de marbre, à l'œil fixe, à la démarche monotone!...

Mille, mille baisers bien tendres, comme mon cœur.

Je me porte un peu mieux, je pars demain. Les Anglais évacuent la Méditerranée. La Corse est à nous. Bonne nouvelle pour la France et pour l'armée.

BONAPARTE.

LETTRE XIII

A Joséphine, à Milan.

Vérone, le 19 brumaire an V (9 novembre 1796).

Je suis arrivé depuis avant-hier à Vérone, ma bonne amie. Quoique fatigué, je suis bien portant, bien affairé et je t'aime toujours à la passion. Je monte à cheval.

Je t'embrasse mille fois.

BONAPARTE.

LETTRE XIV

A Joséphine, à Milan.

Vérone, le 3 frimaire an V (13 novembre 1796).

Je ne t'aime plus du tout; au contraire, je te déteste. Tu es une vilaine, bien gauche, bien bête, bien cendrillon. Tu ne m'écris pas du tout, tu n'aimes pas ton mari; tu sais le plaisir que tes lettres lui font, et tu ne lui écris pas six lignes jetées au hasard.

Que faites-vous donc toute la journée, madame? Quelle affaire si importante vous ôte le temps d'écrire à votre bien bon amant? Quelle affection étouffe et met de côté l'amour, le tendre et constant amour que vous lui avez promis? Quel peut être ce merveilleux, ce nouvel amant qui absorbe tous vos instants, tyrannise vos journées et vous empêche de vous occuper de votre mari? Joséphine, prenez-y garde, une belle nuit les portes enfoncées et me voilà.

En vérité, je suis inquiet, ma bonne amie, de ne pas recevoir de tes nouvelles; écris-moi vite quatre pages et de ces aimables choses qui remplissent mon cœur de sentiment et de plaisir.

J'espère qu'avant peu je te serrerai dans mes bras, et je te couvrirai d'un million de baisers brûlants comme sous l'équateur.

BONAPARTE.

LETTRE XV

A Joséphine, à Milan.

Vérone, le 4 frimaire an V (24 novembre 1796).

J'espère bientôt, ma douce amie, être dans tes bras. Je t'aime à la fureur. J'écris à Paris par ce courrier. Tout va bien. Wurmser a été battu hier sous Mantoue. Il ne manque à ton mari que l'amour de Joséphine pour être heureux.

BONAPARTE.

LETTRE XVI

A Joséphine, à Gênes.

Milan, le 7 frimaire an V, à trois heures
après-midi (27 novembre 1796).

J'arrive à Milan, je me précipite dans ton appartement, j'ai tout quitté pour te voir, te presser dans mes bras;... tu n'y étais pas : tu cours les villes avec des fêtes; tu t'éloignes de moi lorsque j'arrive, tu ne te soucies plus de ton cher Napoléon. Un caprice te l'a fait aimer, l'inconstance te le rend indifférent.

Accoutumé aux dangers, je sais le remède aux ennuis et aux maux de la vie. Le malheur que j'éprouve est incalculable; j'avais droit de n'y pas compter.

Je serai ici jusqu'au 9 dans la journée. Ne te dérange pas; cours les plaisirs; le bonheur est fait pour toi. Le monde entier est trop heureux s'il peut te plaire, et ton mari seul est bien, bien malheureux.

BONAPARTE.

LETTRE XVII

A Joséphine, à Gênes.

Milan, le 8 frimaire an V, 8 heures du soir
(28 novembre 1796).

Je reçois le courrier que Berthier avait expédié à Gênes. Tu n'as pas eu le temps de m'écrire, je le sens facilement. Environnée de plaisirs et de jeux, tu aurais tort de me faire le moindre sacrifice.

Berthier a bien voulu me montrer la lettre que tu lui as écrite. Mon intention n'est pas que tu déranges rien à tes calculs, ni aux parties de plaisir qui te sont offertes; je n'en vaux pas la peine et le bonheur ou le malheur d'un homme que tu n'aimes pas n'a pas le droit d'intéresser.

Pour moi, t'aimer seule, te rendre heureuse, ne rien faire qui puisse te contrarier, voilà le destin et le but de ma vie.

Sois heureuse, ne me reproche rien, ne t'intéresse pas à la félicité d'un homme qui ne vit que de ta vie, ne jouit que de tes plaisirs et de ton bonheur. Quand j'exige de toi un bonheur pareil au mien, j'ai tort : pourquoi vouloir que la dentelle pèse autant que l'or? Quand je te sacrifie tous mes désirs, toutes mes pensées, tous les instants de ma vie, j'obéis à l'ascendant que tes charmes, ton caractère et toute ta personne ont su prendre sur mon malheureux cœur. J'ai tort, si la nature ne m'a pas donné les attraits pour te captiver; mais ce que je mérite de la part de Joséphine ce sont des égards, de l'estime, car je l'aime à la fureur et uniquement.

Adieu, femme adorable; adieu, ma Joséphine. Puisse le sort concentrer dans mon cœur tous les chagrins et toutes les peines, mais qu'il donne à ma Joséphine des jours prospères et heureux. Qui le mérita plus qu'elle? Quand il sera constaté qu'elle ne peut plus aimer, je renfermerai ma douleur profonde, et je me contenterai de pouvoir lui être utile et bon à quelque chose.

Je rouvre ma lettre pour te donner un baiser... Ah! Joséphine!... Joséphine!...

BONAPARTE.

LETTRE XVIII

A Joséphine, à Bologne.

Le 28 pluviôse an V (16 février 1797).

Tu es triste, tu es malade, tu ne m'écris plus, tu veux t'en aller à Paris. N'aimerais-tu plus ton ami? Cette idée me rend malheureux. Ma douce amie, la vie est pour moi insupportable depuis que je suis instruit de ta tristesse.

Je m'empresse de t'envoyer Moscati, afin qu'il puisse te soigner. Ma santé est un peu faible; mon rhume dure toujours. Je te prie de te ménager, de m'aimer autant que je t'aime, et de m'écrire tous les jours. Mon inquiétude est sans égale.

J'ai dit à Moscati de t'accompagner à Ancône, si tu veux y venir. Je t'écrirai là pour te faire savoir où je suis.

Peut-être ferai-je la paix avec le Pape et serai-je bientôt près de toi; c'est le vœu le plus ardent de mon âme.

Je te donne cent baisers. Crois que rien n'égale mon amour, si ce n'est mon inquiétude. Écris-moi tous les jours toi-même. Adieu, très chère amie.

BONAPARTE.

———

3.

LETTRE XIX

A Joséphine, à Bologne.

Tolentino, 1er ventôse an V (19 février 1797).

La paix avec Rome vient d'être signée. Bologne, Ferrare, la Romagne sont cédées à la République. Le Pape nous donne 30 millions dans peu de temps et des objets d'art.

Je pars demain matin pour Ancône, et, de là, pour Rimini, Ravenne et Bologne. Si ta santé te le permet, viens à Rimini ou Ravenne; mais ménage-toi, je t'en conjure.

Pas un mot de ta main, bon Dieu! qu'ai-je donc fait? Ne penser qu'à toi, n'aimer que Joséphine, ne vivre que pour ma femme, ne jouir que du bonheur de mon amie, cela doit-il me mériter de sa part un traitement si rigoureux? Mon amie, je t'en conjure, pense souvent à moi et écris-moi tous les jours. Tu es malade ou tu ne m'aimes pas! Crois-tu donc que mon cœur soit de marbre? Et mes peines t'intéressent-elles si peu? Tu me connaîtrais bien mal! Je ne le puis croire. Toi, à qui la nature a donné l'esprit, la douceur et la beauté, toi qui seule pouvais régner dans mon cœur, toi qui sais trop, sans doute, l'empire absolu que tu as sur moi!

Écris-moi, pense à moi et aime-moi.

Pour la vie tout à toi,

        BONAPARTE.

LETTRES DE BONAPARTE

PREMIER CONSUL

LETTRE XX

A Joséphine, à Paris.

Le 26 floréal an VIII (16 mai 1800).

Je pars dans l'instant pour aller coucher à Saint-Maurice. Je n'ai point reçu de lettres de toi, cela n'est pas bien; je t'ai écrit tous les courriers.

Eugène doit arriver après-demain. Je suis un peu enrhumé, mais cela ne sera rien.

Mille choses tendres à toi, ma bonne petite Joséphine, et à tout ce qui t'appartient.

BONAPARTE.

LETTRE XXI

A Joséphine, à Plombières.

Paris, le 27 ..... an X (1801).

Il fait si mauvais temps ici que je suis resté à Paris. Malmaison, sans toi, est trop triste. La fête a été belle, elle m'a un peu fatigué. Le vésicatoire que l'on m'a mis au bras me fait toujours souffrir beaucoup.

J'ai reçu pour toi, de Londres, des plantes que j'ai envoyées à ton jardinier. S'il fait aussi mauvais à Plombières qu'ici, tu souffriras beaucoup des eaux.

Mille choses aimables à maman et à Hortense.

BONAPARTE.

LETTRE XXII

A Joséphine, à Plombières.

Malmaison, 30 prairial an XI (19 juin 1803).

Je n'ai pas encore reçu de tes nouvelles ; je pense cependant que tu as déjà dû commencer à prendre les eaux. Nous sommes ici un peu tristes, quoique l'aimable fille fasse les honneurs de la maison à merveille. Je me sens depuis deux jours légèrement tourmenté de ma douleur. Le gros Eugène est arrivé hier au soir, il se porte à merveille.

Je t'aime comme le premier jour, parce que tu es bonne et aimable par-dessus tout.

Hortense m'a dit qu'elle t'écrivait souvent.

Mille choses aimables, et un baiser d'amour. Tout à toi.

BONAPARTE.

LETTRE XXIII

A Joséphine, à Plombières.

Malmaison, 4 messidor an XI (29 juin 1803).

J'ai reçu ta lettre, ma bonne petite Joséphine. Je vois avec peine que tu as souffert de la route ; mais quelques jours de repos te feront du bien. Je suis assez bien portant. J'ai été hier à la chasse à Marly et je m'y suis blessé très légèrement à un doigt en tirant un sanglier.

Hortense se porte assez bien. Ton gros fils a été un peu malade, mais il va mieux. Je crois que ce soir ces dames jouent le *Barbier de Séville*. Le temps est très beau. Je te prie de croire que rien n'est plus vrai que les sentiments que j'ai pour ma petite Joséphine.

Tout à toi.

BONAPARTE.

LETTRE XXIV

A Joséphine, à Plombières.

Malmaison, le 3 messidor an XI (27 juin 1803).

Ta lettre, bonne petite femme, m'a appris que tu étais incommodée. Corvisart m'a dit que c'était un bon signe, que les bains te feraient l'effet désiré et qu'ils te mettraient dans un bon état. Cependant, savoir que tu es souffrante est une peine sensible pour mon cœur.

J'ai été voir hier la manufacture de Sèvres et Saint-Cloud.

Mille choses aimables pour tous.

Pour la vie.

BONAPARTE.

LETTRE XXV

A Joséphine, à Plombières.

Malmaison, 12 messidor an XI (1er juillet 1803).

J'ai reçu ta lettre du 10 messidor. Tu ne me parles pas de ta santé ni de l'effet des bains. Je vois que tu comptes être de retour dans huit jours ; cela fait grand plaisir à ton ami qui s'ennuie d'être seul !...

Tu dois avoir vu le général Ney qui part pour Plombières : il se mariera à son retour.

Hortense a joué hier Rosine dans le *Barbier de Séville* avec son intelligence ordinaire.

Je te prie de croire que je t'aime et suis fort impatient de te revoir. Tout est triste ici sans toi.

BONAPARTE.

LETTRES DE NAPOLÉON

EMPEREUR

LETTRE XXVI

A l'Impératrice, à Aix-la-Chapelle.

Boulogne, le 15 thermidor an XII
(3 août 1804).

Mon amie, j'espère apprendre bientôt que les eaux t'ont fait beaucoup de bien. Je suis peiné de toutes les contrariétés que tu as éprouvées. Je désire que tu m'écrives souvent. Ma santé est très bonne, quoique un peu fatiguée. Je serai sous peu de jours à Dunkerque, d'où je t'écrirai.

Eugène est parti pour Blois.

Je te couvre de baisers.

NAPOLÉON.

LETTRE XXVII

A l'Impératrice, à Aix-la-Chapelle.

Calais, 18 thermidor an XII (6 août 1804).

Mon amie, je suis à Calais depuis minuit ; je pense en partir ce soir pour Dunkerque. Je suis content de ce que je vois et assez bien de santé. Je désire que les eaux te fassent autant de bien que m'en font le mouvement, la vue des camps et la mer.

Eugène est parti pour Blois. Hortense se porte bien. Louis est à Plombières.

Je désire beaucoup te voir. Tu es toujours nécessaire à mon bonheur. Mille choses aimables chez toi.

NAPOLÉON.

LETTRE XXVIII

A Joséphine, à Strasbourg.

Louisbourg, 13 vendémiaire an XIV (5 octobre 1805).

Je pars à l'instant pour continuer ma marche. Tu seras, mon amie, cinq ou six jours sans avoir de mes nouvelles; ne t'en inquiète pas, cela tient aux opérations qui vont avoir lieu. Tout va bien, et comme je le pouvais espérer.

J'ai assisté ici à une noce du fils de l'électeur avec une nièce du roi de Prusse. Je désire donner une corbeille de trente-six mille à quarante mille francs à la jeune princesse. Fais-la faire et envoie-la par un de mes chambellans à la nouvelle mariée, lorsque ces chambellans viendront me rejoindre. Il faut que ce soit fait sur-le-champ.

Adieu, mon amie, je t'aime et t'embrasse.

NAPOLÉON.

LETTRE XXIX

A l'Impératrice, à Strasbourg.

Augsbourg, le 1ᵉʳ brumaire an XIV (23 octobre 1805).

Les deux dernières nuits m'ont bien reposé, et je vais partir demain pour Munich. Je mande M. Talleyrand et M. Maret près de moi ; je les verrai peu et je vais me rendre sur l'Inn pour attaquer l'Autriche au sein de ses États héréditaires. J'aurais bien désiré te voir, mais ne compte pas que je t'appelle, à moins qu'il n'y ait un armistice ou des quartiers d'hiver.

Adieu, mon amie, mille baisers. Mes compliments à ces dames.

NAPOLÉON.

LETTRE XXX

A l'Impératrice, à Strasbourg.

Munich, le dimanche 5 brumaire an XIV (27 octobre 1805).

J'ai reçu par Lemarois ta lettre. J'ai vu avec peine que tu t'étais trop inquiétée. L'on m'a donné des détails qui m'ont prouvé toute la tendresse que tu me portes; mais il faut plus de force et de confiance. J'avais d'ailleurs prévenu que je serais six jours sans t'écrire.

J'attends demain l'électeur. A midi je pars pour confirmer mon mouvement sur l'Inn. Ma santé est assez bonne. Il ne faut pas penser à passer le Rhin avant quinze ou vingt jours. Il faut être gaie, t'amuser, et espérer qu'avant la fin du mois nous nous verrons.

Je m'avance contre l'armée russe. Dans quelques jours j'aurai passé l'Inn.

Adieu, ma bonne amie, mille choses aimables à Hortense, à Eugène et aux deux Napoléon.

Garde la corbeille quelque temps encore.

J'ai donné hier aux dames de cette cour un concert. Le maître de chapelle est un homme de mérite.

J'ai chassé à une faisanderie de l'électeur : tu vois que je ne suis pas si fatigué.

M. de Talleyrand est arrivé.

NAPOLÉON.

LETTRE XXXI

A l'Impératrice, à Strasbourg.

Haag, le 11, à 10 heures du soir, brumaire an XIV
(3 novembre 1805).

Je suis en grande marche; le temps est très froid, la terre couverte d'un pied de neige. Cela est un peu rude. Il ne manque heureusement pas de bois; nous sommes ici toujours dans les forêts. Je me porte assez bien. Mes affaires vont d'une manière satisfaisante; mes ennemis doivent avoir plus de soucis que moi.

Je désire avoir de tes nouvelles et apprendre que tu es sans inquiétude.

Adieu, mon amie, je vais me coucher.

NAPOLÉON.

LETTRE XXXII

A l'Impératrice, à Strasbourg.

Mardi, 14 brumaire an XIV (5 novembre 1805).

Je suis à Lintz. Le temps est beau. Nous sommes à vingt-huit lieues de Vienne. Les Russes ne tiennent pas ; ils sont en grande retraite. La maison d'Autriche est fort embarrassée ; à Vienne, on évacue tous les bagages de la cour. Il est probable que d'ici à cinq ou six jours il y aura du nouveau. Je désire bien te revoir. Ma santé est bonne.

Je t'embrasse.

NAPOLÉON.

LETTRE XXXIII

A l'Impératrice, à Strasbourg.

Le 24 brumaire, à 9 heures du soir, an XIV
(15 novembre 1805).

Je suis à Vienne depuis deux jours, ma bonne amie, un peu fatigué. Je n'ai pas encore vu la ville de jour; je l'ai parcourue la nuit. Demain je reçois les notables et les corps. Presque toutes mes troupes sont au delà du Danube, à la poursuite des Russes.

Adieu, ma Joséphine; du moment que cela sera possible, je te ferai venir. Mille choses aimables pour toi.

NAPOLÉON.

LETTRE XXXIV

A l'Impératrice, à Strasbourg.

Vienne, 25 brumaire an XIV (18 novembre 1805).

J'écris à M. d'Harville pour que tu partes et que tu te rendes à Bade, de là à Stuttgard et de là à Munich. Tu donneras, à Stuttgard, la corbeille à la princesse Paul. Il suffit qu'il y ait pour quinze mille à vingt mille francs ; le restant sera pour faire des présents, à Munich, aux filles de l'électrice de Bavière. Tout ce que tu as su pour Mme de Serrent est définitivement arrangé. Porte de quoi faire des présents aux dames et aux officiers qui seront de service près de toi. Sois honnête, mais reçois tous les hommages : l'on te doit tout et tu ne dois rien que par honnêteté. L'électrice de Wurtemberg est fille du roi d'Angleterre, c'est une bonne femme, tu dois bien la traiter, mais cependant sans affectation.

Je serai bien aise de te voir du moment que mes affaires me le permettront. Je pars pour mon avant-garde. Il fait un temps affreux, il neige beaucoup ; du reste, toutes mes affaires vont bien.

Adieu, ma bonne amie.

NAPOLÉON.

LETTRE XXXV

A l'Impératrice, à Munich.

Austerlitz, 14 frimaire an XIV
(4 décembre 1805).

J'ai conclu une trêve. Les Russes s'en vont. La bataille d'Austerlitz est la plus belle de toutes celles que j'ai données : quarante-cinq drapeaux, plus de cent cinquante pièces de canon, les étendards de la garde de Russie, vingt généraux, trente mille prisonniers, plus de vingt mille tués ; spectacle horrible !

L'empereur Alexandre est au désespoir et s'en va en Russie. J'ai vu hier à mon bivouac l'empereur d'Allemagne ; nous causâmes deux heures ; nous sommes convenus de faire vite la paix.

Le temps n'est pas encore très mauvais. Voilà enfin le repos rendu au continent, il faut espérer qu'il va l'être au monde : les Anglais ne sauraient nous faire front.

Je verrai avec bien du plaisir le moment qui me rapprochera de toi.

Il court un petit mal d'yeux qui dure deux jours, je n'en ai pas encore été atteint.

Adieu, ma bonne amie, je me porte assez bien et suis fort désireux de t'embrasser.

NAPOLÉON.

LETTRE XXXVI

A l'Impératrice, à Munich.

Schœnbrunn, le 29 frimaire an XIV (20 décembre 1805).

Je reçois ta lettre du 25. J'apprends avec peine que tu es souffrante ; ce n'est pas là une bonne disposition pour faire cent lieues dans cette saison. Je ne sais ce que je ferai : je dépends des événements ; je n'ai pas de volonté ; j'attends tout de leur issue. Reste à Munich, amuse-toi ; ce n'est pas difficile, lorsqu'on a tant de personnes aimables et dans un si beau pays. Je suis, moi, assez occupé. Dans quelques jours je serai décidé.

Adieu, mon amie ; mille choses aimantes et tendres.

NAPOLÉON.

LETTRE XXXVII

A l'Impératrice, à Mayence.

Géra, le 13, à 2 heures du matin, 1806.

Je suis aujourd'hui à Géra, ma bonne amie ; mes affaires vont fort bien et tout comme je pouvais l'espérer. Avec l'aide de Dieu, en peu de jours cela aura pris un caractère bien terrible, je crois, pour le pauvre roi de Prusse, que je plains personnellement, parce qu'il est bon. La reine est à Erfurt avec le roi. Si elle veut voir une bataille, elle aura ce cruel plaisir. Je me porte à merveille ; j'ai déjà engraissé depuis mon départ ; cependant je fais, de ma personne, vingt et vingt-cinq lieues par jour, à cheval, en voiture, de toutes les manières. Je me couche à huit heures et suis levé à minuit ; je songe quelquefois que tu n'es pas encore couchée.

Tout à toi,

NAPOLÉON.

LETTRE XXXVIII

A l'Impératrice, à Mayence.

1er novembre, 2 heures du matin, 1806.

Talleyrand arrive et me dit, mon amie, que tu ne fais que pleurer. Que veux-tu donc ? Tu as ta fille, tes petits-enfants, et de bonnes nouvelles ; voilà bien des moyens d'être contente et heureuse.

Le temps est ici superbe ; il n'a pas encore tombé de toute la campagne une seule goutte d'eau. Je me porte fort bien, et tout va au mieux.

Adieu, mon amie ; j'ai reçu une lettre de M. Napoléon ; je ne crois pas qu'elle soit de lui, mais d'Hortense.

Mille choses à tout le monde.

NAPOLÉON.

LETTRE XXXIX

A l'Impératrice, à Mayence.

Le 6 novembre, à 9 heures du soir, 1806.

J'ai reçu ta lettre où tu me parais fâchée du mal que je dis des femmes; il est vrai que je hais les femmes intrigantes au delà de tout. Je suis accoutumé à des femmes bonnes, douces et conciliantes; ce sont celles que j'aime. Si elles m'ont gâté, ce n'est pas ma faute, mais la tienne. Au reste, tu verras que j'ai été fort bon pour une qui s'est montrée sensible et bonne, Mme d'Hatzfeld. Lorsque je lui montrai la lettre de son mari, elle me dit en sanglotant, avec une profonde sensibilité, et naïvement : *Ah ! c'est bien là son écriture !* Lorsqu'elle lisait, son accent allait à l'âme; elle me fit peine. Je lui dis : *Eh bien ! madame, jetez cette lettre au feu, je ne serai plus assez puissant pour faire punir votre mari.* Elle brûla la lettre et me parut bien heureuse. Son mari est depuis fort tranquille : deux heures plus tard, il était perdu. Tu vois donc que j'aime les femmes bonnes, naïves et douces; mais c'est que celles-là seules te ressemblent.

Adieu, mon amie, je me porte bien.

NAPOLÉON.

LETTRE XL

A l'Impératrice, à Mayence.

Le 16 novembre 1806.

Je reçois ta lettre du 11 novembre. Je vois avec satisfaction que mes sentiments te font plaisir. Tu as tort de penser qu'ils puissent être flattés ; je t'ai parlé de toi comme je te vois. Je suis affligé de penser que tu t'ennuies à Mayence. Si le voyage n'était pas si long, tu pourrais venir jusqu'ici, car il n'y a plus d'ennemis, ou il est au delà de la Vistule, c'est-à-dire à plus de cent vingt lieues d'ici. J'attendrai ce que tu en penses. Je serai bien aise aussi de voir M. Napoléon.

Adieu, ma bonne amie.

Tout à toi,

NAPOLÉON.

J'ai ici encore trop d'affaires pour que je puisse retourner à Paris.

LETTRE XLI

A l'Impératrice, à Mayence.

Le 22 novembre, à 10 heures du soir, 1806.

Je reçois ta lettre. Je suis fâché de te voir triste ; tu n'as cependant que des raisons d'être gaie. Tu as tort de montrer tant de bonté à des gens qui s'en montrent indignes. Mme L... est une sotte, si bête que tu devrais la connaître et ne lui prêter aucune attention. Sois contente, heureuse de mon amitié, de tout ce que tu m'inspires. Je me déciderai dans quelques jours à t'appeler ici ou à t'envoyer à Paris.

Adieu, mon amie ; tu peux actuellement aller, si tu veux, à Darmstadt, à Francfort ; cela te dissipera.

Mille choses à Hortense.

NAPOLÉON.

LETTRE XLII

À l'Impératrice, à Mayence.

Posen, le 2 décembre 1806.

C'est aujourd'hui l'anniversaire d'Austerlitz. J'ai été à un bal de la ville. Il pleut. Je me porte bien. Je t'aime et te désire. Mes troupes sont à Varsovie. Il n'a pas encore fait froid. Toutes ces Polonaises sont Françaises ; mais il n'y a qu'une femme pour moi. La connaîtrais-tu ? Je te ferais bien son portrait, mais il faudrait trop le flatter pour que tu te reconnusses ; cependant, à dire vrai, mon cœur n'aurait que de bonnes choses à en dire. Ces nuits-ci sont longues, tout seūl.

Tout à toi,

NAPOLÉON.

LETTRE XLIII

A l'Impératrice, à Mayence.

Le 3 décembre, à midi, 1806.

Je reçois ta lettre du 26 novembre, j'y vois deux choses : tu me dis que je ne lis pas tes lettres ; cela est mal pensé. Je te sais mauvais gré d'une si mauvaise opinion. Tu me dis que ce pourrait être par quelque rêve de la nuit et tu ajoutes que tu n'es pas jalouse. Je me suis aperçu depuis longtemps que les gens colères soutiennent toujours qu'ils ne sont pas colères, que ceux qui ont peur disent souvent qu'ils n'ont pas peur ; tu es donc convaincue de jalousie : j'en suis enchanté ! Du reste, tu as tort ; je ne pense à rien moins et dans les déserts de la Pologne l'on songe peu aux belles... J'ai eu hier un bal de la noblesse de la province d'assez belles femmes, assez riches, assez mal mises, quoique à la mode de Paris.

Adieu, mon amie ; je me porte bien.

Tout à toi,

NAPOLÉON.

LETTRE XLIV

A l'Impératrice, à Mayence.

Posen, le 3 décembre, à 6 heures du soir.

Je reçois ta lettre du 27 novembre, où je vois que ta petite tête s'est montée. Je me suis souvenu de ce vers :

Désir de femme est un feu qui dévore.

Il faut cependant te calmer. Je t'ai écrit que j'étais en Pologne, que lorsque les quartiers d'hiver seraient assis, tu pourrais venir ; il faut donc attendre quelques jours. Plus on est grand et moins on doit avoir de volonté ; l'on dépend des événements et des circonstances. Tu peux aller à Francfort et à Darmstadt. J'espère sous peu de temps t'appeler ; mais il faut que les événements le veuillent. La chaleur de ta lettre me fait voir que vous autres jolies femmes vous ne connaissez pas de barrières ; ce que vous voulez doit être ; mais moi, je me déclare le plus esclave des hommes : mon maître n'a pas d'entrailles, et ce maître c'est la nature des choses.

Adieu, mon amie ; porte-toi bien. La personne dont j'ai voulu te parler est Mme L... dont tout le monde dit bien du mal : l'on m'assure qu'elle était plus Prussienne que Française. Je ne le crois pas ; mais je la crois une sotte qui ne dit que des bêtises.

NAPOLÉON.

LETTRE XLV

A l'Impératrice, à Mayence.

Le 10 décembre, à 5 heures du soir, 1806.

Un officier m'apporte un tapis de ta part; il est un peu court et étroit; je ne t'en remercie pas moins. Je me porte assez bien. Le temps est fort variable. Mes affaires vont assez bien. Je t'aime et te désire beaucoup.

Adieu, mon amie; je t'écrirai de venir avec au moins autant de plaisir que tu voudras.

Tout à toi,

NAPOLÉON.

Un baiser à Hortense, à Stéphanie et à Napoléon.

LETTRE XLVI

A l'Impératrice, à Mayence.

Pultusk, le 31 décembre 1806.

J'ai bien ri en recevant tes dernières lettres. Tu te fais des belles de la Pologne une idée qu'elles ne méritent pas. J'ai eu deux ou trois jours de plaisir d'entendre Paër et deux chanteuses qui m'ont fait de très bonne musique. J'ai reçu ta lettre dans une mauvaise grange, ayant de la boue, du vent et de la paille pour tout lit. Je serai demain à Varsovie. Je crois que tout est fini pour cette année. L'armée va entrer en quartiers d'hiver. Je hausse les épaules de la bêtise de Mme de L...; tu devrais cependant te fâcher et lui conseiller de n'être pas si sotte. Cela perce dans le public et indigne bien des gens.

Quant à moi, je méprise l'ingratitude comme le plus vilain défaut du cœur. Je sais qu'au lieu de te consoler ils t'ont fait de la peine.

Adieu, mon amie; je me porte bien. Je ne pense pas que tu doives aller à Cassel; cela n'est pas convenable. Tu peux aller à Darmstadt.

NAPOLÉON.

LETTRE XLVII

A l'Impératrice, à Mayence.

Varsovie, le 3 janvier 1807.

J'ai reçu ta lettre, mon amie. Ta douleur me touche ; mais il faut bien se soumettre aux événements. Il y a trop de pays à traverser depuis Mayence jusqu'à Varsovie ; il faut donc que les événements me permettent de me rendre à Berlin pour que je t'écrive d'y venir. Cependant l'ennemi battu s'éloigne, mais j'ai bien des choses à régler ici. Je serais assez d'opinion que tu retournasses à Paris, où tu es nécessaire. Renvoie ces dames qui ont leurs affaires ; tu gagneras d'être débarrassée de gens qui ont dû bien te fatiguer.

Je me porte bien ; il fait mauvais. Je t'aime de cœur.

NAPOLÉON.

LETTRE XLVIII

A l'Impératrice, à Mayence.

Varsovie, 7 janvier 1807.

Mon amie, je suis touché de tout ce que tu me dis ; mais la saison froide, les chemins très mauvais, peu sûrs, je ne puis donc consentir à t'exposer à tant de fatigues et de dangers. Rentre à Paris pour y passer l'hiver. Va aux Tuileries, reçois et fais la même vie que tu as l'habitude de mener quand j'y suis ; c'est là ma volonté. Peut-être ne tarderai-je pas à t'y rejoindre, mais il est indispensable que tu renonces à faire trois cents lieues dans cette saison, à travers des pays ennemis, et sur les derrières de l'armée. Crois qu'il m'en coûte plus qu'à toi de retarder de quelques semaines le bonheur de te voir, mais ainsi l'ordonnent les événements et le bien des affaires.

Adieu, ma bonne amie ; sois gaie et montre du caractère.

NAPOLÉON.

LETTRE XLIX

A l'Impératrice, à Mayence.

Varsovie, le 6 janvier 1807.

Ma bonne amie, je reçois ta lettre du 27 avec celles de M. Napoléon et d'Hortense qui y étaient jointes. Je t'avais priée de rentrer à Paris. La saison trop mauvaise, les chemins peu sûrs et détestables, les espaces trop considérables pour que je permette que tu viennes jusqu'ici où mes affaires me retiennent. Il te faudrait au moins un mois pour arriver. Tu y arriveras malade ; il faudrait peut-être repartir alors ; ce serait donc folie. Ton séjour à Mayence est trop triste ; Paris te réclame ; vas-y, c'est mon désir. Je suis plus contrarié que toi ; j'eusse aimé à partager les longues nuits de cette saison avec toi, mais il faut obéir aux circonstances.

Adieu, mon amie.

Tout à toi,

NAPOLÉON.

LETTRE L

A l'Impératrice, à Mayence.

Varsovie, le 11 janvier 1807.

J'ai reçu ta lettre du 27, où je vois que tu étais un peu inquiète sur les événements militaires. Tout est fini, comme je te l'ai mandé à ma satisfaction, mes affaires vont bien. L'éloignement est trop considérable pour que je permette que, dans cette saison, tu viennes si loin. Je me porte fort bien, un peu ennuyé quelquefois de la longueur des nuits.

Je vois ici, jusqu'à cette heure, assez peu de monde.

Adieu, mon amie ; je désire que tu sois gaie et que tu donnes un peu de vie à la capitale. Je voudrais fort y être.

Tout à toi,

NAPOLÉON.

J'espère que la reine est allée à La Haye avec M. Napoléon.

LETTRE LI

A l'Impératrice, à Mayence.

Le 16 janvier 1807.

Ma bonne amie, j'ai reçu ta lettre du 5 janvier; tout ce que tu me dis de ta douleur me peine. Pourquoi des larmes, du chagrin? N'as-tu donc plus de courage? Je te verrai bientôt; ne doute jamais de mes sentiments et, si tu veux m'être plus chère encore, montre du caractère et de la force d'âme. Je suis humilié de penser que ma femme puisse se méfier de mes destinées.

Adieu, mon amie; je t'aime, je désire te voir et veux te savoir contente et heureuse.

NAPOLÉON.

LETTRE LII

A l'Impératrice, à Mayence.

Varsovie, le 18 janvier 1807.

Je crains que tu n'aies bien du chagrin de notre séparation qui doit encore se prolonger de quelques semaines et de ton retour à Paris. J'exige que tu aies plus de force. L'on me dit que tu pleures toujours : fi ! que cela est laid !•Ta lettre du 7 janvier me fait de la peine. Sois digne de moi et prends plus de caractère. Fais à Paris la représentation convenable et surtout sois contente.

Je me porte très bien et je t'aime beaucoup; mais, si tu pleures toujours, je te croirai sans courage et sans caractère; je n'aime pas les lâches, une impératrice doit avoir du cœur.

NAPOLÉON.

LETTRE LIII

A l'Impératrice, à Mayence.

Varsovie, le 19 janvier 1807.

Mon amie, je reçois ta lettre; j'ai ri de ta peur du feu. Je suis désespéré du ton de tes lettres et de ce qui me revient. Je te défends de pleurer, d'être chagrine et inquiète; je veux que tu sois gaie, aimable et heureuse.

NAPOLÉON.

5.

LETTRE LIV

A l'Impératrice, à Mayence.

Le 29 janvier 1807.

Je reçois ta lettre du 15 janvier. Il est impossible que je permette à des femmes un voyage comme celui-ci : mauvais chemins, chemins peu sûrs et fangeux. Retourne à Paris, sois-y gaie, contente; peut-être y serai-je aussi bientôt. J'ai ri de ce que tu me dis que tu as pris un mari pour être avec lui; je pensais, dans mon ignorance, que la femme était faite pour le mari, le mari pour la patrie, la famille et la gloire; pardon de mon ignorance, l'on apprend toujours avec nos belles dames.

Adieu, mon amie; crois qu'il m'en coûte de ne pas te faire venir; dis-toi : c'est une preuve combien je lui suis précieuse.

NAPOLÉON.

LETTRE LV

A l'Impératrice, à Paris.

Le 28, à midi, 1807.

Ma bonne amie, j'ai reçu ta lettre; je vois avec peine comme tu t'affliges. Le pont de Mayence ne rapproche ni n'éloigne les distances qui nous séparent. Rentre donc à Paris. Je serais fâché et inquiet de te savoir si malheureuse et si isolée à Mayence. Tu comprends que je ne dois, que je ne puis consulter que mon cœur, je serais avec toi ou toi avec moi; car tu serais bien injuste si tu doutais de mon amour et de tous mes sentiments.

NAPOLÉON.

LETTRE LVI

A l'Impératrice, à Paris.

Wittemberg, le 1ᵉʳ février, à midi, 1807.

Ta lettre du 11, de Mayence, m'a fait rire. Je suis aujourd'hui à quarante lieues de Varsovie; le temps est froid mais beau.

Adieu, mon amie; sois heureuse, aie du caractère.

NAPOLÉON.

LETTRE LVII

A l'Impératrice, à Paris.

Mon amie, ta lettre du 20 janvier m'a fait de la peine ; elle est trop triste. Voilà le mal de ne pas être un peu dévote ! Tu me dis que ton bonheur fait ta gloire, cela n'est pas généreux ; il faut dire : le bonheur des autres fait ma gloire, cela n'est pas conjugal ; il faut dire : le bonheur de mon mari fait ma gloire, cela n'est pas maternel ; il faudrait dire : le bonheur de mes enfants fait ma gloire ; or, comme les peuples, ton mari, tes enfants ne peuvent être heureux qu'avec un peu de gloire, il ne faut pas tant en faire fi ! Joséphine, votre cœur est excellent et votre raison faible ; vous sentez à merveille, mais vous raisonnez moins bien.

Voilà assez de querelle ; je veux que tu sois gaie, contente de ton sort, et que tu obéisses, non en grondant et en pleurant, mais de gaîté de cœur et avec un peu de bonheur.

Adieu, mon amie ; je pars cette nuit pour parcourir mes avant-postes.

NAPOLÉON.

LETTRE LVIII

A l'Impératrice, à Paris.

Eylau, 3 heures du matin, 9 février 1807.

Mon amie, il y a eu hier une grande bataille ; la victoire m'est restée, mais j'ai perdu bien du monde ; la perte de l'ennemi, qui est plus considérable encore, ne me console pas. Enfin, je t'écris ces deux lignes moi-même, quoique je sois bien fatigué, pour te dire que je suis bien portant et que je t'aime.

Tout à toi,

NAPOLÉON.

LETTRE LIX

A l'Impératrice, à Paris.

Eylau, le 9 février, à 6 heures du soir, 1807.

Je t'écris un mot, mon amie, afin que tu ne sois pas inquiète. L'ennemi a perdu la bataille, quarante pièces de canon, dix drapeaux, douze mille prisonniers; il a horriblement souffert. J'ai perdu du monde : seize mille tués, trois mille ou quatre mille blessés.

Ton cousin Tascher se porte bien; je l'ai appelé près de moi avec le titre d'officier d'ordonnance.

Corbineau a été tué d'un obus; je m'étais singulièrement attaché à cet officier qui avait beaucoup de mérite; cela me fait de la peine. Ma garde à cheval s'est couverte de gloire. D'Allemagne est blessé dangereusement.

Adieu, mon amie.

Tout à toi,

NAPOLÉON.

LETTRE LX

A l'Impératrice, à Paris.

Eylau, le 11 février, à 9 heures du matin, 1807.

Je t'écris un mot, mon amie ; tu dois avoir été bien inquiète. J'ai battu l'ennemi dans une mémorable journée, mais qui m'a coûté bien des braves. Le mauvais temps qu'il fait me force à prendre mes cantonnements.

Ne te désole pas, je te prie ; tout cela finira bientôt et le bonheur de te voir me fera promptement oublier mes fatigues. Au reste, je n'ai jamais été si bien portant.

Le petit Tascher, du 4e de ligne, s'est bien comporté ; il a eu une rude épreuve. Je l'ai appelé près de moi, je l'ai fait officier d'ordonnance ; ainsi, voilà ses peines finies. Ce jeune homme m'intéresse.

Adieu, ma bonne amie ; mille baisers.

NAPOLÉON.

LETTRE LXI

A l'Impératrice, à Paris.

Eylau, le 14 février 1807.

Mon amie, je suis toujours à Eylau. Ce pays est couvert de morts et de blessés. Ce n'est pas la belle partie de la guerre; l'on souffre et l'âme est oppressée de voir tant de victimes. Je me porte bien. J'ai fait ce que je voulais et j'ai repoussé l'ennemi en faisant échouer ses projets.

Tu dois être inquiète, et cette pensée m'afflige. Toutefois, tranquillise-toi, mon amie, et sois gaie.

Tout à toi,

NAPOLÉON.

Dis à Caroline et à Pauline que le grand-duc et le prince se portent très bien.

LETTRE LXII

A l'Impératrice, à Paris.

Liebstadt, le 21, à 2 heures du matin, 1807.

Je reçois ta lettre du 4 février; j'y vois avec plaisir que ta santé est bonne. Paris achèvera de te rendre la gaieté et le repos, le retour à tes habitudes, la santé.

Je me porte à merveille. Ce temps et le pays sont mauvais. Mes affaires vont assez bien; il dégèle et gèle dans vingt-quatre heures : l'on ne peut voir un hiver aussi bizarre.

Adieu, mon amie; je t'aime, je pense à toi et désire te savoir contente, gaie et heureuse.

Tout à toi,

NAPOLÉON.

LETTRE LXIII

A l'Impératrice, à Paris.

Osterode, le 2 mars 1807.

Mon amie, il y a deux ou trois jours que je ne t'ai écrit; je me le reproche; je connais tes inquiétudes. Je me porte fort bien; mes affaires sont bonnes. Je suis dans un mauvais village, où je passerai encore bien du temps : cela ne vaut pas la grande ville. Je te le répète, je ne me suis jamais si bien porté; tu me trouveras fort engraissé.

Il fait ici un temps de printemps; la neige fond, les rivières dégèlent, cela me fait plaisir.

J'ai ordonné ce que tu désires pour Malmaison; sois gaie et heureuse, c'est ma volonté.

Adieu, mon amie; je t'embrasse de cœur.

Tout à toi,

NAPOLÉON.

LETTRE LXIV

A l'Impératrice, à Paris.

Le 27, à 7 heures du soir, 1807.

Mon amie, ta lettre me fait de la peine. Tu ne dois pas mourir; tu te portes bien, et tu ne peux avoir aucun sujet raisonnable de chagrin.

Je pense que tu dois aller au mois de mai à Saint-Cloud; mais il faut rester tout le mois d'avril à Paris.

Ma santé est bonne. Mes affaires vont bien.

Tu ne dois pas penser à voyager cet été; tout cela n'est pas possible; tu ne dois pas courir les auberges et les camps. Je désire, autant que toi, te voir, et même vivre tranquille.

Je sais faire autre chose que la guerre, mais le devoir passe avant tout. Toute ma vie, j'ai tout sacrifié, tranquillité, intérêt, bonheur, à ma destinée.

Adieu, mon amie. Vois peu cette Mme de P..., c'est une femme de mauvaise société; cela est trop commun et trop vil.

NAPOLÉON.

J'ai eu lieu de me plaindre de M. T..., je l'ai envoyé dans sa terre, en Bourgogne; je ne veux plus en entendre parler.

LETTRE LXV

A l'Impératrice, à Paris.

Le 10 mai 1807.

Je reçois ta lettre. Je ne sais ce que tu me dis des dames en correspondance avec moi. Je n'aime que ma petite Joséphine, bonne, boudeuse et capricieuse, qui sait faire une querelle avec grâce, comme tout ce qu'elle fait; car elle est toujours aimable, hors cependant quand elle est jalouse : alors elle devient toute diablesse. Mais revenons à ces dames. Si je devais m'occuper de quelqu'une d'entre elles, je t'assure que je voudrais qu'elles fussent de jolis boutons de rose. Celles dont tu parles sont-elles dans ce cas?

Je désire que tu ne dines jamais qu'avec des personnes qui ont diné avec moi; que ta liste soit la même pour tes cercles, que tu n'admettes jamais à Malmaison, dans ton intimité, des ambassadeurs et des étrangers. Si tu faisais différemment, tu me déplairais; enfin ne te laisse pas circonvenir par des personnes que je ne connais pas et qui ne viendraient pas chez toi si j'y étais.

Adieu, mon amie.

Tout à toi,

NAPOLÉON.

LETTRE LXVI

A l'Impératrice, à Saint-Cloud.

Friedland, le 15 juin 1807.

Mon amie, je ne t'écris qu'un mot, car je suis bien fatigué ; voilà bien des jours que je bivouaque. Mes enfants ont dignement célébré l'anniversaire de la bataille de Marengo.

La bataille de Friedland sera aussi célèbre et est aussi glorieuse pour mon peuple. Toute l'armée russe est en déroute, quatre-vingts pièces de canon, trente mille hommes pris ou tués ; vingt-cinq généraux russes tués, blessés ou pris ; la garde russe écrasée : c'est une digne sœur de Marengo, Austerlitz, Iéna. Le bulletin te dira le reste. Ma perte n'est pas considérable ; j'ai manœuvré l'ennemi avec succès.

Sois sans inquiétude et contente.

Adieu, mon amie ; je monte à cheval.

NAPOLÉON.

L'on peut donner cette nouvelle comme une notice, si elle est arrivée avant le bulletin. On peut aussi tirer le canon, Cambacérès fera la notice.

LETTRE LXVII

A l'Impératrice, à Saint-Cloud.

Le 6 juillet 1807.

J'ai reçu ta lettre du 25 juin. J'ai vu avec peine que tu étais égoïste et que les succès de mes armes seraient pour toi sans attraits.

La belle reine de Prusse doit venir dîner avec moi aujourd'hui.

Je me porte bien et désire beaucoup te revoir, quand le destin l'aura marqué. Cependant, il est possible que cela ne tarde pas.

Adieu, mon amie ; mille choses aimables.

NAPOLÉON.

LETTRE LXVIII

A l'Impératrice, à Saint-Cloud.

Le 7 juillet 1807.

Mon amie, la reine de Prusse a dîné hier avec moi. J'ai eu à me défendre de ce qu'elle voulait m'obliger à faire encore quelques concessions à son mari; mais j'ai été galant, et me suis tenu à ma politique. Elle est fort aimable. J'irai te donner des détails qu'il me serait impossible de te donner sans être bien long. Quand tu liras cette lettre, la paix avec la Prusse et la Russie sera conclue et Jérôme reconnu roi de Westphalie, avec trois millions de population. Ces nouvelles pour toi seule.

Adieu, mon amie; je t'aime et veux te savoir contente et gaie.

NAPOLÉON.

LETTRE LXIX

A l'Impératrice, à Saint-Cloud.

Le 18, à midi, 1807.

Mon amie, je suis arrivé hier à cinq heures du soir à Dresde, fort bien portant, quoique je sois resté cent heures en voiture, sans sortir. Je suis ici chez le roi de Saxe, dont je suis fort content. Je suis donc rapproché de toi de plus de moitié du chemin.

Il se peut qu'une de ces belles nuits je tombe à Saint-Cloud comme un jaloux; je t'en préviens.

Adieu, mon amie; j'aurai grand plaisir à te voir.

Tout à toi,

NAPOLÉON.

LETTRE LXX

A l'Impératrice, à Paris.

Le 9 janvier 1809.

Moustache m'apporte une lettre de toi du 31 décembre. Je vois, mon amie, que tu es triste et que tu as l'inquiétude très noire. L'Autriche ne me fera pas la guerre. Si elle me la fait, j'ai cent cinquante mille hommes en Allemagne, et autant sur le Rhin, et quatre cent mille Allemands pour lui répondre. La Russie ne se séparera pas de moi. On est fou à Paris; tout marche bien.

Je serai à Paris aussitôt que je le croirai utile. Je te conseille de prendre garde aux revenants; un beau jour, à deux heures du matin...

Mais adieu, mon amie; je me porte bien, et suis tout à toi.

NAPOLÉON.

LETTRE LXXI

A l'Impératrice, à Plombières.

Le 19 juin, à midi, 1809.

Je reçois ta lettre, où tu m'annonces ton départ pour Plombières. Je vois ce voyage avec plaisir, parce que j'espère qu'il te fera du bien.

Eugène est en Hongrie, et se porte bien. Ma santé est fort bonne, et l'armée en bon état.

Je suis bien aise de savoir le grand-duc de Berg avec toi.

Adieu, mon amie; tu connais mes sentiments pour Joséphine; ils sont invariables.

Tout à toi,

NAPOLÉON.

LETTRE LXXII

A l'Impératrice, à Paris.

Schœnbrunn, le 21 août 1809.

J'ai reçu ta lettre du 14 août, de Plombières; j'y vois que tu seras arrivée le 18 à Paris ou à Malmaison. Tu auras été malade de la chaleur, qui est bien grande ici. Malmaison doit être bien sec et brûlé par ce temps-là.

Ma santé est bonne. Je suis cependant un peu enrhumé de la chaleur.

Adieu, mon amie.

NAPOLÉON.

LETTRE LXXIII

A l'impératrice, à Malmaison.

Le 31 août 1809.

Je n'ai pas reçu de lettres de toi depuis plusieurs jours; les plaisirs de Malmaison, les belles serres, les beaux jardins, font oublier les absents; c'est la règle, dit-on, chez vous autres. Tout le monde ne parle que de ta bonne santé; tout cela m'est fort sujet à caution.

Je vais demain faire une absence de deux jours en Hongrie avec Eugène. Ma santé est bonne.

Adieu, mon amie.

Tout à toi,

NAPOLÉON.

LETTRE LXXIV

A l'Impératrice, à Malmaison.

Kems, le 9 septembre 1809.

Mon amie, je suis ici depuis hier à deux heures du matin; j'y suis pour voir mes troupes. Ma santé n'a jamais été meilleure. Je sais que tu es bien portante.

Je serai à Paris au moment où personne ne m'attendra plus.

Tout va ici fort bien, et à ma satisfaction.

Adieu, mon amie.

NAPOLÉON.

LETTRE LXXV

A l'Impératrice, à Malmaison.

Le 23 septembre 1809.

J'ai reçu ta lettre du 16, je vois que tu te portes bien. La maison de la vieille fille ne vaut que cent vingt mille francs; ils n'en trouveront jamais plus. Cependant, je te laisse maîtresse de faire ce que tu voudras, puisque cela t'amuse, mais, une fois achetée, ne fais pas démolir pour y faire quelques rochers.

Adieu, mon amie.

NAPOLÉON.

LETTRE LXXVI

A l'Impératrice, à Malmaison.

Le 25 septembre 1809.

J'ai reçu ta lettre. Ne te fie pas, et je te conseille de te bien garder la nuit ; car une des prochaines, tu entendras grand bruit.

Ma santé est bonne ; je ne sais ce que l'on débite ; je ne me suis jamais mieux porté depuis bien des années : Corvisart ne m'était point utile.

Adieu, mon amie ; tout va ici fort bien.

Tout à toi,

NAPOLÉON.

LETTRE LXXVII

A l'Impératrice, à Malmaison.

Nymphonbourg, près Munich, le 21 octobre 1809.

Je suis ici depuis hier bien portant; je ne partirai pas encore demain. Je m'arrêterai un jour à Stuttgard. Tu seras prévenue vingt-quatre heures d'avance de mon arrivée à Fontainebleau. Je me fais une fête de te revoir, et j'attends ce moment avec impatience.

Je t'embrasse.

Tout à toi,

NAPOLÉON.

LETTRES DE NAPOLÉON A JOSÉPHINE

APRÈS LE DIVORCE

LETTRE LXXVIII

A l'Impératrice, à Malmaison.

8 heures du soir, décembre 1809.

Mon amie, je t'ai trouvée aujourd'hui plus faible que tu ne devais être. Tu as montré du courage, il faut que tu en trouves pour te soutenir; il faut ne pas te laisser aller à une funeste mélancolie, il faut te trouver contente, et surtout soigner ta santé, qui m'est si précieuse. Si tu m'es attachée et si tu m'aimes, tu dois te comporter avec force et te juger heureuse. Tu ne peux pas mettre en doute ma constante et tendre amitié, et tu connaîtrais bien mal tous les sentiments que je te porte si tu supposais que je puis être heureux si tu n'es pas heureuse, et content, si tu ne te tranquillises.

Adieu, mon amie, dors bien; songe que je le veux.

NAPOLÉON.

LETTRE LXXIX

A l'Impératrice, à Malmaison.

7 heures du soir.

Je reçois ta lettre, mon amie. Savary me dit que tu pleures toujours; cela n'est pas bien. J'espère que tu auras pu te promener aujourd'hui. Je t'ai envoyé de ma chasse. Je viendrai te voir lorsque tu me diras que tu es raisonnable et que ton courage prend le dessus.

Demain, toute la journée, j'ai les ministres.

Adieu, mon amie; je suis triste aussi aujourd'hui; j'ai besoin de te savoir satisfaite et d'apprendre que tu prends de l'aplomb.

Dors bien.

NAPOLÉON.

LETTRE LXXX

A l'Impératrice, à Malmaison.

Jeudi, à midi, 1809.

Je voulais venir te voir aujourd'hui, mon amie ; mais je suis très occupé et un peu indisposé. Je vais cependant aller au conseil. Je te prie de me dire comment tu te portes.

Ce temps est bien humide et pas du tout sain.

NAPOLÉON.

LETTRE LXXXI

A l'Impératrice, à Malmaison.

Vendredi, à 8 heures, 1810.

Je voulais venir te voir aujourd'hui, mais je ne le puis; ce sera, j'espère, pour demain. Il y a bien longtemps que tu m'as donné de tes nouvelles.

J'ai appris avec plaisir que tu t'étais promenée dans ton jardin pendant ces froids.

Adieu, mon amie; porte-toi bien, et ne doute jamais de mes sentiments.

NAPOLÉON.

LETTRE LXXXII

A l'Impératrice, à Malmaison.

Dimanche, à 8 heures du soir, 1810.

J'ai été bien content de t'avoir vue hier; je sens combien ta société a de charmes pour moi. J'ai travaillé aujourd'hui avec Estève. J'ai accordé cent mille francs pour 1810, pour l'extraordinaire de Malmaison. Tu peux donc faire planter tant que tu voudras; tu distribueras cette somme comme tu l'entendras. J'ai chargé Estève de te remettre deux cent mille francs aussitôt que le contrat de la maison Julien sera fait. J'ai ordonné que l'on paierait ta parure de rubis, laquelle sera évaluée par l'intendance, car je ne veux pas de voleries de bijoutiers. Ainsi, voilà quatre cent mille francs que cela me coûte.

J'ai ordonné que l'on tint le million que la liste civile te doit, pour 1810, à la disposition de ton homme d'affaires, pour payer tes dettes.

Tu dois trouver dans l'armoire de Malmaison cinq cent mille à six cent mille francs; tu peux les prendre pour faire ton argenterie et ton linge.

J'ai ordonné qu'on te fît un très beau service de porcelaine; l'on prendra tes ordres pour qu'il soit très beau.

NAPOLÉON.

LETTRE LXXXIII

A l'Impératrice, à Malmaison.

Mercredi, 6 heures du soir, 1810.

Mon amie, je ne vois pas d'inconvénient que tu reçoives le roi de Wurtemberg quand tu voudras. Le roi et la reine de Bavière doivent aller te voir après-demain.

Je désire fort aller à Malmaison : mais il faut que tu sois forte et tranquille : le page de ce matin dit qu'il t'a vue pleurer.

Je vais dîner tout seul.

Adieu, mon amie; ne doute jamais de mes sentiments pour toi; tu serais injuste et mauvaise.

NAPOLÉON.

LETTRE LXXXIV

A l'Impératrice, à Malmaison.

Samedi, à 1 heure après-midi, 1810.

Mon amie, j'ai vu hier Eugène qui m'a dit que tu recevrais les rois. J'ai été au concert jusqu'à huit heures; je n'ai dîné, tout seul, qu'à cette heure-là.

Je désire bien te voir. Si je ne viens pas aujourd'hui, je viendrai après la messe.

Adieu, mon amie; j'espère te trouver sage et bien portante. Ce temps-là doit bien te peser.

NAPOLÉON.

LETTRE LXXXV

A l'Impératrice, à Malmaison.

Trianon,) 17 janvier 1810.

Mon amie, d'Audenarde, que je t'ai envoyé ce matin, me dit que tu n'as plus de courage depuis que tu es à Malmaison. Ce lieu est cependant tout plein de nos sentiments, qui ne peuvent et ne doivent jamais changer, du moins de mon côte.

J'ai bien envie de te voir, mais il faut que je sois sûr que tu es forte, et non faible; je le suis aussi un peu, et cela me fait un mal affreux.

Adieu, Joséphine; bonne nuit. Si tu doutais de moi, tu serais bien ingrate.

NAPOLÉON.

LETTRE LXXXVI

A l'Impératrice, à Malmaison.

30 janvier 1810.

Mon amie, je reçois ta lettre. J'espère que la promenade que tu as faite aujourd'hui, pour montrer ta serre, t'aura fait du bien.

Je te saurai avec plaisir à l'Élysée, et fort heureux de te voir plus souvent; car tu sais combien je t'aime.

NAPOLÉON.

LETTRE LXXXVII

A l'Impératrice, à Malmaison.

Mardi, à midi, 1810.

J'apprends que tu t'affliges, cela n'est pas bien. Tu es sans confiance en moi, et tous les bruits que l'on répand te frappent; ce n'est pas me connaître, Joséphine. Je t'en veux, et si je n'apprends que tu es gaie et contente, j'irai te gronder bien fort.

Adieu, mon amie.

NAPOLÉON.

LETTRE LXXXVIII

A l'Impératrice, à Malmaison.

Samedi, à 6 heures du soir, 1810.

J'ai dit à Eugène que tu aimais plutôt à écouter les bavards d'une grande ville que ce que je te disais; qu'il ne faut pas permettre que l'on te fasse des contes en l'air pour t'affliger.

J'ai fait transporter tes effets à l'Élysée. Tu viendras incessamment à Paris; mais sois tranquille et contente, et aie confiance entière en moi.

NAPOLÉON.

LETTRE LXXXIX

A l'Impératrice, à l'Élysée-Napoléon.

Vendredi, 6 heures du soir, 1810.

Savary me remet, en arrivant, ta lettre ; je vois avec peine que tu es triste ; je suis bien aise que tu ne te sois pas aperçue du feu.

J'ai eu beau temps à Rambouillet.

Hortense m'a dit que tu avais eu le projet de venir dîner chez Bessières et de retourner coucher à Paris. Je suis fâché que tu n'aies pas pu exécuter ton projet.

Adieu, mon amie ; sois gaie, songe que c'est le moyen de me plaire.

NAPOLÉON.

LETTRE XC

A l'Impératrice, à l'Élysée-Napoléon.

19 février 1810.

Mon amie, j'ai reçu ta lettre. Je désire te voir; mais les réflexions que tu me fais peuvent être vraies. Il y a peut-être quelque inconvénient à nous trouver sous le même toit pendant la première année. Cependant la campagne de Bessières est trop loin pour pouvoir revenir; d'un autre côté, je suis un peu enrhumé et je ne suis pas sûr d'y aller.

Adieu, mon amie.

NAPOLÉON.

LETTRE XCI

A l'Impératrice, à Malmaison.

Le 12 mars 1810.

Mon amie, j'espère que tu auras été contente de ce que j'ai fait pour Navarre. Tu y auras vu un nouveau témoignage du désir que j'ai de t'être agréable.

Fais prendre possession de Navarre ; tu pourras y aller le 25 mars passer le mois d'avril.

Adieu, mon amie.

NAPOLÉON.

LETTRE XCII

De l'Impératrice Joséphine à l'Empereur Napoléon.

Navarre, le 19 avril 1810.

Sire,

Je reçois, par mon fils, l'assurance que Votre Majesté consent à mon retour à Malmaison, et qu'elle veut bien m'accorder les avances que je lui ai demandées pour rendre habitable le château de Navarre.

Cette double faveur, Sire, dissipe en grande partie les inquiétudes et même les craintes que le long silence de Votre Majesté m'avait inspirées. J'avais peur d'être entièrement bannie de son souvenir : je vois que je ne le suis pas. Je suis donc aujourd'hui moins malheureuse, et même aussi heureuse qu'il m'est désormais possible de l'être.

J'irai à la fin du mois à Malmaison, puisque Votre Majesté n'y voit aucun obstacle. Mais, je dois vous le dire, Sire, je n'aurais pas si tôt profité de la liberté que Votre Majesté me laisse à cet égard, si la maison de Navarre n'exigeait pas, pour ma santé, et pour celle des personnes de ma maison, des réparations qui sont urgentes. Mon projet est de demeurer à Malmaison fort peu de temps; je m'en éloignerai bientôt pour aller aux eaux. Mais, pendant que je serai à Malmaison, Votre Majesté peut être sûre que j'y vivrai comme si j'étais à mille lieues de Paris. J'ai fait un grand sacrifice, Sire, et chaque jour je sens davantage toute son étendue. Cependant, ce sacrifice sera ce qu'il doit être, il sera entier de ma part. Votre Majesté ne sera troublée, dans son bonheur, par aucune expression de mes regrets.

Je ferai sans cesse des vœux pour que Votre Majesté soit heureuse, peut-être même en ferai-je pour la revoir; que Votre Majesté en soit convaincue, je respecterai toujours sa nouvelle situation, je la respecterai en silence; confiante dans les sentiments qu'elle me portait autrefois, je n'en provoquerai aucune preuve nouvelle; j'attendrai tout de sa justice et de son cœur.

Je me borne à lui demander une grâce, c'est qu'elle daigne chercher elle-même un moyen de convaincre quelquefois, et moi-même et ceux qui m'entourent, que j'ai toujours une petite place dans son souvenir et une grande place dans son estime et dans son amitié. Ce moyen, quel qu'il soit, adoucira mes peines, sans pouvoir, ce me semble, compromettre, ce qui m'importe avant tout, le bonheur de Votre Majesté.

JOSÉPHINE.

LETTRE XCIII

Réponse de l'Empereur Napoléon

A l'Impératrice Joséphine, à Navarre.

Compiègne, le 21 avril 1810.

Mon amie, je reçois ta lettre du 19 avril; elle est d'un mauvais style. Je suis toujours le même; mes pareils ne changent jamais. Je ne sais ce qu'Eugène a pu te dire. Je ne t'ai pas écrit, parce que tu ne l'as pas fait, et que j'ai désiré tout ce qui peut t'être agréable.

Je vois avec plaisir que tu ailles à Malmaison, et que tu sois contente; moi, je le serai de recevoir de tes nouvelles et de te donner des miennes. Je n'en dis pas davantage jusqu'à ce que tu aies comparé cette lettre à la tienne; et, après cela, je te laisse juge qui est meilleur et plus ami de toi ou de moi.

Adieu, mon amie; porte-toi bien et sois juste pour toi et pour moi.

NAPOLÉON.

LETTRE XCIV

Réponse de l'Impératrice Joséphine.

Mille, mille tendres remerciements de ne m'avoir pas oubliée. Mon fils vient de m'apporter ta lettre. Avec quelle ardeur je l'ai lue, et cependant j'y ai mis bien du temps ; car il n'y a pas un mot qui ne m'ait fait pleurer, mais ces larmes étaient bien douces ! J'ai retrouvé mon cœur tout entier, et tel qu'il sera toujours : il y a des sentiments qui sont la vie même et qui ne peuvent finir qu'avec elle.

Je serais au désespoir que ma lettre du 19 t'eût déplu ; je ne m'en rappelle pas entièrement les expressions, mais je sais quel sentiment bien pénible l'avait dictée, c'était le chagrin de n'avoir pas de tes nouvelles.

Je t'avais écrit à mon départ de Malmaison ; et, depuis, combien de fois j'aurais voulu t'écrire ! Mais je sentais les raisons de ton silence, et je craignais d'être importune par une lettre. La tienne a été un baume pour moi. Sois heureux, sois-le autant que tu le mérites ; c'est mon cœur qui te parle. Tu viens aussi de me donner ma part de bonheur, et une part bien vivement sentie : rien ne peut valoir pour moi une marque de ton souvenir.

Adieu, mon ami ; je te remercie aussi tendrement que je t'aimerai toujours.

JOSÉPHINE.

LETTRE XCV

A l'Impératrice Joséphine, à Navarre.

Compiègne, le 28 avril 1910.

Mon amie, je reçois deux lettres de toi. J'écris à Eugène. J'ai ordonné que l'on fit le mariage de Tascher avec la princesse de la Leyen.

J'irai demain à Anvers voir ma flotte et ordonner des travaux. Je serai de retour le 15 mai.

Eugène me dit que tu veux aller aux eaux, ne te gêne en rien. N'écoute pas les bavardages de Paris; ils sont oisifs et bien loin de connaître le véritable état des choses. Mes sentiments pour toi ne changent pas et je désire beaucoup te savoir heureuse et contente.

NAPOLÉON.

LETTRE XCVI

A l'Impératrice Eugénie, à Malmaison.

Mon amie, je reçois ta lettre. Eugène te donnera des nouvelles de mon voyage et de l'Impératrice. J'approuve fort que tu ailles aux eaux. J'espère qu'elles te feront du bien.

Je désire bien te voir. Si tu es à Malmaison à la fin du mois, je viendrai te voir.

Ma santé est fort bonne; il me manque de te savoir contente et bien portante. Fais-moi connaître le nom que tu voudrais porter en route.

Ne doute jamais de toute la vérité de mes sentiments pour toi; ils dureront autant que moi; tu serais fort injuste si tu en doutais.

NAPOLÉON.

LETTRE XCVII

A l'Impératrice Joséphine, aux eaux d'Aix, en Savoie.

Rambouillet, le 8 juillet 1810.

Mon amie, j'ai reçu ta lettre du 3 juillet. Tu auras vu Eugène, et sa présence t'aura fait du bien. J'ai appris avec plaisir que les eaux te sont bonnes. Le roi de Hollande vient d'abdiquer la couronne, en laissant la régence, selon la Constitution, à la reine. Il a quitté Amsterdam et laissé le grand-duc de Berg.

J'ai réuni la Hollande à la France; mais cet acte a cela d'heureux qu'il émancipe la reine, et cette infortunée fille va venir à Paris avec son fils, le grand-duc de Berg; cela la rendra parfaitement heureuse.

Ma santé est bonne. Je suis venu ici pour chasser quelques jours. Je te verrai avec plaisir cet automne. Ne doute jamais de mon amitié. Je ne change jamais. Porte-toi bien, sois gaie et crois à la vérité de mes sentiments.

NAPOLÉON.

LETTRE XCVIII

A l'Impératrice Joséphine, à Navarre.

Fontainebleau, le 14 novembre 1810.

Mon amie, j'ai reçu ta lettre. Hortense m'a parlé de toi. Je vois avec plaisir que tu es contente. J'espère que tu ne t'ennuies pas trop à Navarre.

Ma santé est fort bonne. L'Impératrice avance heureusement dans sa grossesse. Je ferai les différentes choses que tu me demandes pour ta maison. Soigne bien ta santé, sois contente et ne doute jamais de mes sentiments pour toi.

NAPOLÉON.

LETTRE XCIX

A l'Impératrice Joséphine, à Navarre.

Je reçois ta lettre. Je ne vois pas d'inconvénient au mariage de Mme de Mackau avec Wattier, si cela lui convient ; ce général est un fort brave homme. Je me porte bien. J'espère avoir un garçon ; je te le ferai savoir aussitôt.

Adieu, mon amie. Je suis bien aise que Mme d'Arberg t'ait dit des choses qui te fassent plaisir. Quand tu me verras, tu me trouveras avec les mêmes sentiments pour toi.

NAPOLÉON.

LETTRE C

A l'Impératrice Joséphine, à Malmaison.

Trianon, 25 août 1813.

J'ai reçu ta lettre. Je vois avec plaisir que tu es en bonne santé. Je suis pour quelques jours à Trianon. Je compte aller à Compiègne. Ma santé est fort bonne.

Mets de l'ordre dans tes affaires; ne dépense que un million cinq cent mille francs et mets de côté tous les ans autant; cela fera une réserve de quinze millions en dix ans pour tes petits-enfants : il est doux de pouvoir leur donner quelque chose et de leur être utile. Au lieu de cela, l'on me dit que tu as des dettes, cela serait bien vilain. Occupe-toi de tes affaires et ne donne pas à qui en veut prendre. Si tu me veux plaire, fais que je sache que tu as un gros trésor. Juge combien j'aurais mauvaise opinion de toi si je te savais endettée avec trois millions de revenu.

Adieu, mon amie, porte-toi bien.

NAPOLÉON.

LETTRE CI

A l'Impératrice Joséphine, à Malmaison.

Vendredi, 8 heures du matin, 1813.

J'envoie savoir comment tu te portes, car Hortense m'a dit que tu étais au lit hier. J'ai été fâché contre toi pour tes dettes; je ne veux pas que tu en aies; au contraire, j'espère que tu mettras un million de côté tous les ans, pour donner à tes petites-filles lorsqu'elles se marieront.

Toutefois, ne doute jamais de mon amitié pour toi et ne te fais aucun chagrin là-dessus.

Adieu, mon amie; annonce-moi que tu es bien portante. On dit que tu engraisses comme une bonne fermière de Normandie.

NAPOLÉON.

APPENDICES

APPENDICES

DIALOGUE SUR L'AMOUR

Ce texte, rédigé par Bonaparte, en 1791, lors de son séjour à Valence, à l'âge de vingt-deux ans, demeura inconnu pendant cent et trois ans.

Cet écrit d'un style sec et sans unité trace vigoureusement la conception que Napoléon devait avoir toute sa vie de la femme.

Le sort de ce manuscrit fut mouvementé.

A sa chute, Napoléon l'envoya à Fesch (1) enfermé parmi d'autres dans un des cartons de son cabinet. Fesch n'en prit jamais connaissance. A la mort de celui-ci, en 1839, son grand vicaire, l'abbé Lyonnet, à qui le carton revint, en vendit le contenu à Libri (2),

(1) Oncle de Napoléon 1er, né à Ajaccio, archevêque de Lyon et grand aumonier de l'Empire.

(2) Collectionneur équivoque qui volait ce qu'il ne pouvait acquérir.

qui le revendit à des amateurs, entre autres à lord Ashburnham, dont le fils, en 1884, le céda, pour une somme de 675,000 francs, à la bibliothèque Médico-Laurentienne de Florence, où il fut copié par MM. Frédéric Masson et Guido Biagi qui, en 1895, le publièrent sous le titre de « Napoléon inconnu ».

DIALOGUE SUR L'AMOUR

———

Des Mazis (1). — Comment, monsieur, qu'est-ce que l'amour? Eh quoi! n'êtes-vous donc pas composé comme les autres hommes?

Bonaparte. — Je ne vous demande pas la définition de l'amour. Je fus jadis amoureux et il m'en est resté assez de souvenir pour que je n'aie pas besoin de ces définitions métaphysiques qui ne font jamais qu'embrouiller les choses; je vous dis plus que de nier son existence. Je le crois nuisible à la société, au bonheur individuel des hommes, enfin je crois que l'amour fait plus de mal... et que ce serait un bienfait d'une divinité protectrice que de nous en défaire et d'en délivrer le monde.

Des Mazis. — Quoi! l'amour nuisible à la société, lui qui vivifie la nature entière, source de toute production, de tout bonheur. Point d'amour, monsieur, autant vaudrait-il anéantir notre existence.

Bonaparte. — Vous vous échauffez. La passion vous transporte. Reconnaissez, je vous en prie, votre ami. Ne

———

(1) Alexandre Des Mazis avait été, à l'École militaire de Paris, l'instructeur d'infanterie de Bonaparte. Tous deux s'étaient liés d'une étroite amitié qui se resserra au cours de communes garnisons. Émigré sous la Terreur, Des Mazis ne rentra en France que sous le consulat. Napoléon le nomma administrateur mobilier de la couronne, officier civil de sa maison et chambellan. A la chute de l'empereur, Des Mazis servit les Bourbons.

me regardez pas avec indignation et répondez pourquoi, depuis que cette passion vous domine, ne vous vois-je plus dans vos sociétés ordinaires ? Que sont devenues vos occupations ? Pourquoi négligez-vous vos parents, vos amis ? Vos journées entières sont sacrifiées à une promenade monotone et solitaire jusqu'à ce que l'heure vous permette de voir votre Adélaïde.

DES MAZIS. — Eh ! que m'importe à moi, monsieur, vos occupations, vos sociétés ? A quoi aboutit une science indigeste ? Qu'ai-je à faire de ce qui s'est passé il y a mille ans ? Quelle influence puis-je avoir sur le cours des astres ? Que m'importe le minutieux détail des discussions puériles des hommes ?... Je me suis occupé de cela sans doute. Qu'avais-je de mieux à faire ? Il fallait bien par quelque moyen me soustraire à l'ennui qui me menaçait ; mais croyez-moi, je sentais au milieu de mon cabinet le vide de mon cœur. Parfois mon esprit était satisfait, mais mes sentiments ! O Dieu ! je n'ai fait que végéter tant que je n'eus pas aimé. Actuellement, au contraire, quand l'amour m'arrache au sommeil, je ne dis plus : « Pourquoi le soleil luit-il aujourd'hui pour moi ? » Non ! le premier rayon de lumière me présente ma chère Adélaïde en habit du matin. Je la vois penser à moi, me sourire. Hier au soir elle me serrait la main, elle soupirait, nos regards se rencontraient. Comme ils exprimaient nos sentiments ! Je contemple un portrait qui me ravit l'âme. Cent fois je le remets pour le reprendre aussitôt. Cette promenade, monsieur, que vous appelez monotone, eh ! non, la vaste étendue du globe ne contient pas plus de variété. D'abord, mon esprit repasse les choses qu'elle m'a dites ; je relis le billet qu'elle m'a écrit ; je pense à celui qui doit peindre toute l'étendue de mon amour. Je le refais cent fois.

Mon imagination s'élève ; je vois bientôt mes feux couronnés ; je regrette tantôt de ne pas avoir une fortune immense à lui sacrifier. Ici même, je voudrais avoir une couronne. Concevez le charme de la proposer à ses parents, la joie que cela lui causerait. Tout ce qui approche d'elle est sacré à mes yeux. Une autre fois je penserai aux préparatifs des noces qui doivent bientôt nous unir, jusqu'aux présents que je dois lui faire. Mon cœur se dilate à imaginer quelque chose qui puisse l'obliger, lui prouver mon amour. Voyez-vous le château où nous devons passer nos jours, les sombres bosquets, les riantes prairies, les délicieux parterres ? Rien ne m'affecte que le plaisir d'être tous les jours à côté d'elle. Mais bientôt elle doit me donner des gages de notre amour... Mais vous riez ! En vérité, je vous déteste.

BONAPARTE. — Je ris des grandes occupations qui captivent votre âme et plus encore du feu avec lequel vous me les communiquez. Quelle maladie étrange s'est emparée de vous ? Je sens que la raison que vous appelez à votre secours ne fera aucun effet et, dans le délire où vous êtes, vous ferez plus que de fermer l'oreille à sa voix, vous la mépriserez. Souvenez-vous que vous n'êtes pas de sang-froid et que mon amitié fut toujours le juge qui vous rappela à vos désirs. Souvenez-vous que je m'en suis toujours rendu digne. J'aurais besoin de répéter ici les obligations que vous me devez et les marques qui vous sont connues de mes sentiments, car, moi-même je ne serais pas à l'abri de vos invectives dans les accès de votre délire. Car votre état est pareil à celui d'un malade qui ne voit que la chimère qu'il poursuit et sans connaître la maladie qui la produit, ni la santé qu'il a perdue. Je n'agiterai donc pas si vos plaisirs sont dignes de l'homme ou même si c'en sont. Je veux croire

que ce sexe, roi du monde par sa force, son industrie,
son esprit et toutes ses autres facultés naturelles, trouve
sa suprême félicité à languir dans les chaines d'une molle
passion et sous les lois d'un être plus faible d'entende-
ment comme de corps. Je veux croire, comme vous le
dites, que le souvenir de votre Adélaïde, son image, sa
conversation puissent vous dédommager des agréments
de vos occupations, de vos sociétés ; mais n'est-il pas
vrai que vous désirez toujours la fin de cet état et que
votre insatiable imagination voudrait obtenir ce que la
vertu d'Adélaïde ne peut vous accorder. Ma froide tranquillité, je le vois, n'est pas propre à peindre le pesant
fardeau qui tourmente l'existence d'un amant dans le
moindre échec qui lui survient. Qu'Adélaïde s'absente
pour quinze jours seulement, que devenez-vous ? Si un
autre s'efforce à cet objet, que vous croyez vous appar-
tenir, que d'inquiétude ! Si une mère alarmée trouve
mauvaises de trop fréquentes visites qui font parler un
public méchant, enfin, monsieur, que sais-je, cent petites
autres choses qui frappent fortement un amant vous
agitent. Souvent, les nuits se passent sans sommeil, les
repas sans manger. La terre n'a point d'endroit pour
contenir votre inquiétude extrême. Votre sang bouil-
lonne, vous marchez à grands pas, le regard égaré.
Pauvre chevalier, est-ce là le bonheur ? Je ne doute pas
que si, aujourd'hui, dans l'extase que vous a occasion-
née un serrement de main, vous ne trouviez cet état la
suprême félicité, je ne doute pas, dis-je, que, demain,
dans une humeur contraire, vous ne trouviez votre faiblesse insupportable. Mais, chevalier, voilà votre posi-
tion. S'il fallait défendre la patrie attaquée, que feriez-
vous ? S'il fallait !... Mais à quoi êtes-vous bon ?
Confiera-t-on le bonheur de vos semblables à un enfant

qui pleure sans cesse, qui s'alarme ou se réjouit au seul mouvement d'une autre personne ? Confiera-t-on le secret de l'État à celui qui n'a point de volonté ?

DES MAZIS. — Toujours des grands mots vides de sens ! Que fait à moi votre État, ses secrets ? En vérité, vous êtes inconcevable aujourd'hui. Vous n'avez jamais raisonné si pitoyablement.

BONAPARTE. — Ah ! chevalier, que vous importent l'État, vos concitoyens, la société ? Voilà les suites d'un cœur relâché, abandonné à la volupté. Point de force, point de vertu dans votre sentier. Vous n'ambitionniez que de faire le bien et aujourd'hui ce bien même vous est indifférent, Quel est donc ce sentiment dépravé qui a pris la place de votre amour pour la vertu ? Vous ne désirez que de vivre ignoré à l'ombre de vos peupliers. Profonde philosophie ! Ah ! chevalier, que je déteste cette passion qui a produit une si grande métamorphose. Vous ne songez pas que vous tirez vers l'égoïsme et tout vous est indifférent : opinion des hommes, estime de vos amis, amour de vos parents. Tout est captivé au tyran fort de votre faiblesse. Un coup d'œil, un serrement de main, un baiser, chevalier et que vous importent alors la peine de la patrie, la mauvaise opinion de vos amis ; un attouchement corporel... mais je ne veux pas vous irriter. Je le veux croire : l'amour a des plaisirs incomparables, des peines encore plus grandes peut-être, mais n'importe, considérons seulement l'influence qu'il a dans l'état de société. Il est vrai, chevalier, que, dans l'état des choses, notre âme, née indépendante, a besoin d'être formée, dégradée. Si vous voulez, par les institutions, que dès la naissance l'attention que tous les législateurs ont donnée à l'éducation... que nous sommes nés pour être heureux, que c'est la loi suprême que la nature a gravée au fond de nous-mêmes. Il est vrai que c'est la base qui nous a été donnée pour servir de règle à notre conduite. Chacun, né juge de ce qui peut lui convenir, a donc le droit de disposer de son corps comme de ses affections, mais cet état d'indépendance est vraiment opposé à l'état de servitude où la société nous a mis.

En changeant d'état il a donc fallu changer d'humeur. Il a donc fallu substituer au cri de notre sentiment celui des préjugés. Voilà la base de toutes les institutions sociales. Il a fallu prendre l'homme dès son origine pour en faire, s'il se peut, une autre créature. Croyez-vous, sans ce changement, que tant d'hommes souffriraient d'être avilis par un petit nombre de grands seigneurs et que des palais somptueux seraient respectés par des hommes qui manquent de pain ? La force est la loi des animaux ; la conviction est celle des hommes. On convint, soit pour repousser les attaques des bêtes plus fortes, soit pour ne pas être exposé à se battre à chaque instant, l'on convint, dis-je, de lois des propriétés et chacun fut assuré au nom de tous de la propriété de son champ.

Cette convention n'existait qu'entre un petit nombre d'hommes. Il fallut donc des magistrats, soit pour repousser les attaques des peuplades voisines, soit pour faire exécuter la convention reçue.

Ces magistrats sentirent le charme du commandement, mais les plus alertes du peuple s'y opposèrent. Ils furent gagnés et ainsi associés aux projets des ambitieux. Le peuple fut subjugué. Vous voyez l'inégalité s'introduire à grands pas ; vous voyez se former la classe régnante et la classe gouvernée. La religion vint consoler les malheureux qui se trouvaient dépouillés de toute propriété. Elle vint les enchaîner pour toujours. Ce ne fut plus par les cris de la conscience que l'homme devait se conduire. Non ! L'on craignit qu'un sentiment que l'on faisait tout au monde pour étouffer ne reprît le dessus.

Il y eut donc un Dieu. Ce Dieu conduisait le monde. Tout se faisait par acte de sa volonté. Il avait donné des lois écrites... et l'empire des prêtres commença, empire qui probablement ne finira jamais.

Que l'homme donc soit dégradé, triste vérité ! Mais que l'état de société ne soit légitime, c'est ce dont l'on ne peut disconvenir. Le silence des hommes là-dessus est une approbation tacite que rien ne peut démentir. Vous avez vingt ans, monsieur, choisissez : ou renoncez à votre rang, à votre fortune, et quittez un monde que vous détestez, ou, vous inscrivant dans le nombre des citoyens, soumettez-vous à ses lois. Vous jouissez des avantages du contrat, serez-vous infidèle aux autres clauses ? Ce ne serait pas vous croire honnête homme que d'en douter. Vous devez donc être attaché à un État qui vous procure tant de bien-être et procurant à la fois de faire un digne usage des avantages qu'il vous a accordés, vous devez rendre heureux le peuple au-dessus duquel vous êtes et faire prospérer la société qui vous a distingué. Pour cela faire, il faut que, guidé toujours par le flambeau de la raison, vous puissiez balancer avec équité les droits des hommes à qui vous vous devez. Pour cela faire, il faut que, prêt à tout entreprendre pour le service de l'État, vous soyez soldat, homme d'affaires, courtisan même si l'intérêt du peuple et de votre nation le demande. Ah ! que votre récompense sera douce ! Défiez alors les malignes vapeurs de la calomnie, de la jalousie ! Défiez hardiment le temps même ! Vos membres décrépits ne seront plus qu'une image imparfaite de ce qu'ils furent jadis et ils attireront cependant le respect de tous ceux qui vous approcheront. L'un racontera dans sa cabane le soulagement que vous lui avez accordé. L'autre, en faisant le récit des complots des méchants, dira : « S'il ne fût venu à mon secours, j'eusse péri du supplice des criminels. » Chevalier, cesse de restreindre cette âme altière et ce cœur jadis si fier à une sphère aussi étroite. Toi, aux genoux d'une femme ! Fais plutôt tomber aux tiens les méchants confondus ! Toi, mépriser les peines des hommes ! Sentiment d'honneur, subjugue-le plutôt ! Estimé par tes semblables, respecté, aimé par tes vassaux, la mort viendra t'enlever au milieu des pleurs de ceux qui t'entoureront, après avoir coulé une vie douce, oracle de tes proches et père de tes vassaux.

Des Mazis. — Je ne vous entends pas. Comment, monsieur, mon amour pourrait-il m'empêcher de suivre le plan que vous venez de tracer ? Quelle idée vous êtes-vous donc faite d'Adélaïde ?

Adélaïde, s'il faut pour remplir ces devoirs soulager les malheureux ; s'il faut pour être vertueux aimer sa patrie, les hommes, la société, qui plus qu'elle est vertueuse ? Croyez-vous que je faisais le bien avec la froideur de la philosophie ? Quand la volonté d'Adélaïde sera le mobile qui me conduira, lui faire plaisir la récompense... Non, monsieur, vous n'avez jamais été amoureux.

Bonaparte. — Je plains votre erreur. Quoi, chevalier, vous croyez que l'amour est le chemin de la vertu ? Il vous immétrigue (*emplâtrer, retenir avec du mastic*) à chaque pas. Soyez sincère, depuis que cette passion fatale a troublé votre repos, avez-vous envisagé d'autre jouissance que celle de l'amour? Vous ferez donc le bien ou le mal selon les symptômes de votre passion. Mais que dis-je? Vous et la passion ne font qu'un même être. Tant qu'elle durera vous n'agirez que pour elle et, puisque vous êtes convenu que les devoirs d'un homme riche consistaient à faire du bien, à arracher de l'indigence les malheureux qui y gémissent, que les devoirs d'un homme de naissance l'obligeaient à se servir du crédit de son nom pour détruire les brigues des méchants, que les devoirs du citoyen consistaient à défendre la patrie et à concourir à sa prospérité, n'avouerez-vous pas que les devoirs d'un bon fils consistent à reconnaître en son père les obligations d'une éducation soignée, à sa mère... Non! chevalier, je me tairais si j'étais obligé de vous prouver de pareilles évidences.

LA FEMME ET LE CODE NAPOLÉON

Nous avons recherché dans le Code civil et le Code pénal ceux des articles qui se rapportent à la femme.

Par l'examen de ces articles, on pourra se rendre compte combien Napoléon souhaitait marquer la dépendance de l'épouse à l'époux. Convaincu qu'elle était faible, il la voulait protégée par le mari. Mais en lui accordant cette protection, il exigeait d'elle une absolue soumission à une discipline familiale, que d'ailleurs il souhaitait douce. Enfin, ennemi des désordres conjugaux, il frappa inégalement l'épouse et l'époux, sachant la différence de résultat d'une même faute et pour marquer, semble-t-il, le caractère grave et élevé de l'épouse, qui, à ses yeux, est surtout la Mère.

CODE CIVIL

LIVRE PREMIER. — TITRE PREMIER
Jouissance des droits civils.

Tout Français a la jouissance ou propriété des droits civils ; mais quelques Français, comme les mineurs, les interdits et les *femmes mariées* n'ont pas l'exercice de leurs droits.

TITRE III
Du domicile.

Celui qui est *soumis* à une personne est domicilié chez elle : ainsi *la femme* est domiciliée chez son mari.

TITRE V
Des droits et des devoirs respectifs des époux.

Art. 213. — Le mari doit *protection* à sa femme, la femme *obéissance* à son mari.

Art. 214. — La femme est obligée d'habiter avec le mari et de le suivre partout où il juge à propos de résider ; le mari est obligé de la recevoir et de lui fournir tout ce qui est nécessaire pour les besoins de la vie, selon ses facultés et son état.

TITRE VI
Du divorce.

Art. 229. — Le mari pourra demander le divorce pour cause d'adultère de sa femme.

Art. 230. — La femme pourra demander le divorce

pour cause d'adultère de son mari lorsqu'il *aura tenu sa concubine dans la maison commune.*

TITRE VI

De la séparation de corps.

Art. 308. — La femme contre laquelle la séparation de corps sera prononcée pour cause d'adultère sera condamnée, par le même jugement et sur la réquisition du ministère public, à la réclusion dans une maison de correction pendant un temps déterminé, qui ne pourra être moindre de trois mois, ni excéder deux années.

Art. 309. — *Le mari restera le maître d'arrêter l'effet de cette condamnation en consentant à reprendre sa femme.*

TITRE VII

De la paternité et de la filiation.

Art. 340. — La recherche de la paternité est interdite.

Art. 341. — La recherche de la maternité est admise.

TITRE IX

De la puissance paternelle.

Art. 373. — Le père seul exerce cette autorité durant le mariage.

Art. 374. — L'enfant ne peut quitter la maison paternelle sans la permission de son père, si ce n'est pour *enrôlement volontaire* (1), après l'âge de dix-huit ans révolus.

----

(1) Il faut observer cette restriction. Elle exprime la pensée de Napoléon, mettant la Patrie (les armées, par conséquent) au-dessus de la famille.

TITRE X
De la tutelle des père et mère.

ART. 389. — Le *père* est, durant le mariage, administrateur des biens personnels de ses enfants mineurs.

LIVRE III. — TITRE PREMIER
Des successions.

ART. 776. — Les femmes mariées ne peuvent pas valablement accepter une succession sans l'autorisation de leur mari.

TITRE II
Des donations entre vifs et des testaments.

ART. 905. — La femme mariée ne pourra donner entre vifs sans l'assistance ou le consentement spécial de son mari.

ART. 934. — La femme mariée ne pourra accepter une donation sans le consentement de son mari.

ART. 1029. — La femme mariée ne pourra accepter l'exécution testamentaire qu'avec le consentement de son mari.

CODE PÉNAL

LIVRE III
Crimes et délits.

ART. 324. — Dans le cas d'adultère prévu par l'article 336, le meurtre commis par l'époux sur son épouse ainsi que sur le complice à l'instant où il les surprend en flagrant délit dans la maison conjugale est excusable.

Art. 336. — L'adultère de la femme ne pourra être dénoncé que par le mari.

Art. 337. — La femme convaincue d'adultère subira la peine de l'emprisonnement pendant trois mois au moins et deux ans au plus. Le mari restera le maître d'arrêter cette condamnation en consentant à reprendre sa femme.

Art. 339. — Le mari qui aura entretenu une concubine dans la maison conjugale et qui aura été convaincu sur la plainte de la femme sera puni d'une amende de cent francs à deux mille francs.

LETTRES A Mme WALEWSKA

Après la victoire d'Iéna, Napoléon occupa la Pologne et fit dans Varsovie, sa capitale, une entrée glorieuse. Les Polonais, qui avaient vu dans son triomphe l'espoir de leur affranchissement, lui firent un accueil enthousiaste. Les fêtes succédèrent aux fêtes. Au cours de l'une d'elles, dans un bal, Napoléon remarqua Marie Walewska. Pour la première fois peut-être depuis qu'il est empereur, il laissa voir son trouble et l'écrivit, bien que dans un billet bref, où le chef paraît plus que l'amoureux. Ce billet, que Duroc (1) porta, était ainsi conçu :

« Je n'ai vu que vous, je n'ai admiré que vous, je ne « désire que vous. Une réponse bien prompte pour cal- « mer l'impatiente ardeur de

« N. »

La signature, qui n'est qu'un paraphe, le style, qui n'est qu'une suite d'exclamations que termine un ordre, tout cela parut une impertinence aux yeux de la jeune Polonaise. Elle refusa l'invitation.

L'Empereur ne se tint pas pour battu. Il a conscience de sa valeur, et si d'autres, plus modestes et surtout moins actifs que lui, répugneraient à l'affir-

---

(1) Duroc, aide de camp de l'Empereur et un de ses familiers.

mer, il ne craint pas de l'écrire à celle qu'il veut conquérir :

« Vous ai-je déplu, madame ? J'avais cependant le
« droit d'espérer le contraire. Me suis-je trompé ? Votre
« empressement s'est ralenti, tandis que le mien aug-
« mente. Vous m'ôtez le repos ! Oh ! donnez un peu de
« joie, de bonheur à un pauvre cœur tout prêt à vous
« adorer. Une réponse est-elle si difficile à obtenir ?
« Vous m'en devez deux.

« N. »

*A ce billet, où paraissait l'ennui de n'avoir pas été
accueilli, la crainte d'avoir été trop brusque et la
douleur réelle qu'éprouvait le Maître à se sentir isolé
dans sa gloire, Marie Walewska, plus par respect de
ses devoirs d'épouse, croyons-nous, que par fierté, ne
voulut pas répondre.*

*Son entourage a beau lui représenter qu'être la
maîtresse de l'Empereur, ce n'est pas manquer à
l'honneur, et que ce serait peut-être préparer le salut
et la grandeur de la Pologne, Marie Walewska se
refuse à ce compromis.*

*Napoléon insiste une troisième fois. Son billet est
plus tendre encore, plus long aussi. Enfin il promet
ce que tous les Polonais désirent :*

« Il y a des moments où trop d'élévation pèse, et
« c'est ce que j'éprouve. Comment satisfaire le besoin
« d'un cœur épris qui voudrait s'élancer à vos pieds et
« qui se trouve arrêté par le poids de hautes considéra-
« tions paralysant les plus vifs désirs ? Oh ! si vous vou-
« liez !... Il n'y a que vous seule qui puissiez lever les
« obstacles qui nous séparent. Mon ami Duroc vous en
« facilitera les moyens.

« Oh ! venez ! venez ! Tous vos désirs seront remplis.
« Votre patrie me sera plus chère quand vous aurez
« pitié de mon pauvre cœur.

« N. »

*Le lendemain de la réception de ce billet, lasse des
assauts de Napoléon et surtout d'entendre les prières
de son entourage, qui persistait à voir dans son consentement l'avènement de la Pologne, Marie Walewska se
rendit au château impérial. Ce fut la nuit, entourée
de mystère, voilée et en voiture fermée, qu'elle y ar-
riva en compagnie d'un gardien discret.*

*Napoléon l'attendait. Il était là, debout, dans la
salle où on l'introduisit. Empressé, comme il savait
l'être avec les femmes qu'il aimait, l'Empereur se
montra galant. Mais Marie Walewska, toute sur-
prise encore, ne put que pleurer, se montrer nerveuse
et d'une timidité qui pouvait surprendre. Quand, à
deux heures du matin, on vint la prendre pour la
reconduire chez elle, comme il avait été convenu,
Napoléon n'avait obtenu qu'un droit de consolation
et sa promesse de revenir le lendemain.*

*Aussi, dès son réveil, sa femme de chambre lui re-
mit-elle ce mot, qui accompagnait un bouquet et une
guirlande de diamants :*

« Marie, ma douce Marie, ma première pensée est
« pour toi, mon premier désir est de te revoir. Tu re-
« viendras, n'est-ce pas ? Tu me l'as promis. Sinon
« l'aigle volerait vers toi. Je te verrai à dîner, l'ami (1)
« le dit. Daigne donc accepter ce bouquet : qu'il
« devienne un lien mystérieux qui établisse entre nous

____
(1) Duroc.

« un rapport secret au milieu de la foule qui nous envi-
« ronne. Exposés aux regards de la multitude, nous
« pourrons nous entendre. Quand ma main pressera
« mon cœur, tu sauras qu'il est tout occupé de toi et,
« pour répondre, tu presseras le bouquet ! Aime-moi,
« ma gentille Marie, et que ta main ne quitte jamais
« ton bouquet.

« N. »

*Le soir, elle était au dîner. La conversation s'en-
gagea entre elle et l'Empereur à l'aide de ce bouquet.
Puis elle vint au palais. L'habitude prise, elle y
revint chaque soir.*

*Quand Napoléon quitta Varsovie pour Fincken-
stein, elle le suivit. Dans cette nouvelle résidence, elle
mène une vie cloîtrée, enfermée dans un château
morne, où elle ne voit personne. L'Empereur paraît
aux heures des repas, pris en tête à tête. Le reste du
temps, elle l'use à lire, à broder, à voir la parade à
travers les persiennes.*

*De Finckenstein, elle va à Vienne, et de Vienne à
Paris, où l'Empereur lui achète un hôtel particulier
au 48 de la rue de la Victoire.*

*De là, elle gagne Schœnbrunn, en 1809, et le châ-
teau de Walewice, en 1810, où elle accouche d'un fils
(le 4 mai) : le comte Walewski.*

*Puis elle revint à Paris. Mais l'époque des revers
commençait. Napoléon, attristé, ne pense plus avec la
même gaieté à sa maîtresse. Des soucis l'absorbent. Il
songe à mourir. C'est quelques jours avant l'Ile*

d'Elbe. Ce soir où, vaincu, il a voulu se suicider sans y parvenir, Marie Walewska attendra toute une nuit l'amant soucieux que, bien qu'attristée, elle n'ose déranger. Lui ne se souviendra plus qu'au matin qu'elle a passé la nuit à l'attendre dans une pièce proche. Et malgré tant de douleur qui l'accable, il trouve pour elle, à défaut d'amour, des mots d'amitié profonde :

« Marie, j'ai reçu votre lettre du 15. Les sentiments
« qui vous animent me touchent vivement. Ils sont
« dignes de votre belle âme et de la bonté de votre
« cœur. Lorsque vous aurez arrangé vos affaires, si
« vous voulez aller aux eaux de Lucques ou de Sise, je
« vous verrai avec un grand et vif intérêt, ainsi que
« votre fils, pour qui mes sentiments sont toujours inva-
« riables. Portez-vous bien, pensez à moi avec plaisir et
« ne doutez jamais de moi.

« Le 16 avril.   « N. »

Napoléon partit pour l'île d'Elbe. C'est là qu'elle le vint visiter le 1er septembre 1814. Elle sera près de lui encore en 1815, pendant les Cent Jours.

Enfin, quand ce fut l'exil définitif, l'abdication pour Sainte-Hélène, Marie se crut dégagée de tout serment. Elle épousa Philippe-Antoine, général comte d'Ornano, ancien colonel des dragons de la Garde, cousin de l'Empereur.

De ce mariage elle eut un fils (1), le 9 juin 1817. Quelques mois après, vers la mi-décembre, elle mourait dans son hôtel de la rue de la Victoire, qu'elle avait quitté lors de son mariage.

(1) Rodolphe-Auguste d'Ornano, député au Corps législatif sous le Second Empire. Mort le 14 octobre 1865.

TABLE DES MATIÈRES

BIBLIOTHÈQUE INTERNATIONALE
D'ÉDITION

E. SANSOT & Cie

LIBRAIRES-ÉDITEURS

NOUVELLES PUBLICATIONS

SUPPLÉMENT

AU

Catalogue Général 1912

PARIS

9, rue de l'Éperon, 9

—

MARS 1913

E. SANSOT & Cie

ÉDITEURS

PARIS — 9, rue de l'Éperon, 9 — PARIS

Essais, Littérature, Voyages

ALPHONSE SÉCHÉ

**Les Accents de la satire dans la poésie con-
temporaine,** 1 vol. in-18 jésus 3 50

GABRIEL HANOTAUX
de l'Académie française

Champlain, avec un portrait, 1 vol. in-18 jésus. 1 50

J. BRIEUX

**La Méthode générale et scientifique et les
Méthodes rationalistes et fidéistes,** 1 vol. petit
in-8. 3 50

JULES BERTAUT

Les Romanciers du Nouveau Siècle (*1re série*),
1 vol. in-18 jésus 3 50

PHILÉAS LEBESGUE

Le Pèlerinage à Babel, 1 vol. in-18 jésus . . 3 »

FERNAND DIVOIRE

Introduction à l'Étude de la Stratégie littéraire, 1 vol. petit in-12 couronne . . . . 1 »

**

Annales des Lettres françaises (Année 1911). 1 vol. in-18 jésus 3 50

HÉSOPPE

L'Impuissance du Théâtre contemporain, 1 vol. in-18 jésus 3 50

CAMILLE LE SENNE et GUILLOT DE SAIX

Lope de Vega, l'Étoile de Séville, étude et version française, préface de Henry Roujon, de l'Académie française, 1 vol. in-8° . . . . 5 »

JOACHIM ROLLAND

Les Comédies politiques d'Eugène Scribe, 1 vol. in-18 jésus 3 50

PÉLADAN

L'Athlétie et la statuaire antiques, 1 vol. petit in-12 couronne . . . . 1 »

EDGARD POE

Marginalia, traduites en entier pour la première fois par V. ORBAN, avec portrait au crayon par Alberto MARTINI, préface de J. RICHEPIN, de l'Académie française, 1 vol. in-18 jésus 3 50

PAUL FLAT

Figures du Théâtre contemporain (3e série), 1 vol. in-18 jésus 3 50

ABEL LETALLE

Palettes d'artistes, 1 vol. in-8º illustré . . . 4 »

CLAUDE R. MARX

Porto-Riche, avec portrait et autographe, 1 vol. in-18
jésus (collection des *Célébrités d'aujourd'hui*.) 1 »

HENRY MALHERBE

Paul Hervieu, avec un portrait et un autographe.
1 vol. in-18 jésus (même collection) . . . . . 1 »

JEAN MALYE

La littérature irlandaise contemporaine (Collection des Études étrangères). 1 vol. in-18 jésus 2 »

LÉO CLARETIE

La Roumanie intellectuelle contemporaine.
Notes de voyage. 1 vol. in-18 jésus 3 50

GABRIEL FAURE
Inspecteur des Beaux-Arts

Autour des lacs italiens, 1 vol. in-16 jésus . 3 »

HENRI MYLÈS

Instantanés d'Extrême-Asie, 1 vol. in-18
jésus 3 50

EDMOND JOUCLA

**Bibliographie de l'Afrique Occidentale Fran-
çaise**, 1 vol. in-8º . . . . 6 »

F. PICARD

De France au Niger. Guide pratique, 1 vol. in-18
jésus . . . . 2 »

Collection Rétrospective

MARQUIS DE LASSAY
LETTRES D'AMOUR

Avec une introduction et des notes par MAURICE LANGE, docteur ès lettres. 1 vol. in-18 jésus sur papier vergé teinté, couverture parcheminée avec titre rouge. 3 50

JOACHIM DU BELLAY
LES JEUX RUSTIQUES
ET AUTRES ŒUVRES POÉTIQUES

Publiées sur l'édition originale de 1558 et augmentées de lettres de l'auteur, avec une notice de Guillaume Colletet, une bibliographie et des notes par Ad. VAN BEVER. 1 vol. in-18 jésus, sur papier vergé teinté, couverture parcheminée, avec titre rouge 3 50

MARIE DE FRANCE
SIX LAIS D'AMOUR
DE MARIE DE FRANCE

Modernisés en regard de l'original, avec une notice historique sur l'auteur et ses ouvrages, par PHILÉAS LEBESGUE. 1 vol. in-18 jésus, sur papier vergé teinté, couverture parcheminée, avec titre rouge. 3 50

Romans, Contes, Nouvelles

PAUL FLAT

Le Frein, 1 vol. in-18 jésus 3 50

JOSEPH SCHEWŒBEL

A la Cinquième prière, 1 vol. in-18 jésus . . 3 50

BJORNSTJERNE BJORNSON

Magnhild, traduit du norvégien par Sébastien Voirol,
1 vol. in-18 jésus 1 60

CHARLES REGISMANSET

Le Bienfaiteur de la ville, 1 vol. in-18 jésus. 3 50

PROSPER DOR

La Guirlande d'amour, 1 vol. in-18 jésus . . 3 50

ANONYME

Le Conte de la Ramée, chef-d'œuvre anonyme du
XVIIIe siècle, 1 vol. in-18 jésus 1 60

PAULE LABAT

6 Poppy Girls 6, 1 vol. in-18 jésus 3 50

ROBERT RANDAU

Celui qui s'endurcit, 1 vol. in-18 jésus 3 50

E. GAILLARD

Portraits, contes, 1 vol. in-18 jésus 3 50

PIERRE SORMIOU

Les Fiancés, 1 vol. in-18 jésus 3 50

AUGUSTE PENIN

Cœur d'Apôtre, 1 vol. in-18 jésus. 3 50

JEANNE BROUSSAN-GAUBERT

L'Amour jardinier, 1 vol. in-18 jésus.   3   »
Josette Chardin. 1 vol. in-18 jésus 3 50

PAUL FLAMANT

Les Mirages possibles, 1 vol. in-18 jésus . .   3 50

EDME TASSY

Le Sursinge, 1 vol. in-18 jésus 3 50

Collection de Poètes contemporains

(Poésies et Poèmes en prose)

HÉLÈNE PICARD
Les Lauriers sont coupés (Souvenirs d'enfance),
1 vol. in-18 jésus 3 50

JANE CATULLE-MENDÈS
La Ville merveilleuse (Rio de Janeiro), avec un portrait de l'auteur. 1 vol. in-18 jésus 3 50

F. MARINETTI
Le monoplan du Pape, roman politique en vers libres, 1 vol. in-16 jésus 3 50

JEAN BOUSCATEL
Les Heures mortes, 1 vol. in-18 jésus 3 50

PIERRE MONTMORENCY
Après l'aurore, 1 vol. in-18 jésus 3 50

ÉMILE PAYEN
Vaines Étreintes, 1 vol. in-18 jésus 3 50

PIERRE NORMAND
L'Annonciation, 1 vol. in-18 jésus 3 50
Le Livre de la bien-aimée, 1 vol. in-18 jésus. 3 50

ALBERT LONDRES
La Marche à l'Étoile, 1 vol. in-18 jésus . . . 3 50

FRÉDÉRIC LEGUYADER
Princesses tragiques et grandes amoureuses,
1 vol. in-8° . . . . 4 »

LIBRAIRIE E. SANSOT ET Cie

NOUVELLE BIBLIOTHÈQUE

DE

VARIÉTÉS LITTÉRAIRES

Volumes in-18 jésus à . . . . 1 fr. 60

Cette collection a fait sensation dans le monde des livres; autant par le choix des auteurs que par l'élégance matérielle des volumes, elle est, entre toutes, attrayante et précieuse.

CHAQUE OUVRAGE FORME UN VOLUME

NAPOLÉON BONAPARTE
Virilités

BJORNSTJERNE BJORNSON
Magnhild

CHATEAUBRIAND
Amours

ANONYME (XVIIIe SIÈCLE)
Le Conte de la Ramée

JEAN LORRAIN

LA NOSTALGIE DE LA BEAUTÉ

Choix et notice par JEAN BOUSCATEL.

ROMAIN ROLLAND

L'HUMBLE VIE HÉROÏQUE

Choix et notice par ALPHONSE SÉCHÉ.

MARCEL PRÉVOST
de l'Académie française

MORALITÉS FÉMININES
ET FRANÇAISES

Choix et notice par ERNEST GAUBERT.

FRANÇOIS DE CUREL

L'IDÉE PATHÉTIQUE & VIVANTE

Choix et notice par ÉDOUARD SCHNEIDER.

H. DE BALZAC

LA FEMME ET L'AMOUR

Choix et notice par JULES BERTAUT.

PAUL HERVIEU

de l'Académie française

LA CHASSE AU RÉEL

Choix et notice par HENRY MALHERBE.

EMILE FAGUET

de l'Académie française.

LES DIX COMMANDEMENTS

FORMANT UNE SÉRIE DE 10 VOLUMES PETIT IN-12

A 1 FRANC LE VOLUME

Les Célébrités d'aujourd'hui

Nouvelle collection artistique de Biographies contemporaines

Chaque biographie forme une élégante plaquette in-18, illustrée d'un *portrait-frontispice*, d'un *autographe*, complétée par une suite d'*opinions* et par une *bibliographie* des œuvres publiées, des collaborations diverses, des préfaces et des ouvrages à consulter . . . . .1 fr.

Maurice Donnay, par R. Le Brun.
Jules Lemaître, par E. Sansot-Orland.
Judith Gautier, par R. de Gourmont.
Camille Lemonnier, par Léon Bazalgette.
Émile Faguet, par Aph. Séché.
Anatole France, par R. Le Brun.
Henri de Régnier, par Paul Léautaud.
Alfred Capus, par Edouard Quet.
Willy, par Henri Albert.
Paul Bourget, par G. Grappe.
Peladan, par René-Georges Aubrun.
Pierre Louys, par Ernest Gaubert.
Maurice Maeterlinck, par Ad. van Bever.
Marcel Prévost, par J. Bertaut.
F. Brunetière, par L.-R. Richard.
F. de Curel, par R. Le Brun.
Jean Lorrain, par E. Gaubert.
Jean Moréas, par Jean de Gourmont.
Paul et Victor Margueritte, par Ed. Pilon.
Henry Houssaye, par L. Sonolet.
Camille Mauclair, par Jean Aubry.
Edouard Rod, par Firmin Roz.
François Coppée, par E. Gaubert.

Henry Bordeaux, par A. Britsch.
Jules Claretie, par G. Grappe.
Georges Clemenceau, par M. Le Blond.
Georges Courteline, par R. Le Brun.
Emile Verhaeren, par L. Bazalgette.
Léo Claretie, par Pétrus Durel.
Maurice Barrès, par René Gillouin.
Sully Prudhomme, par P. Fons.
Rachilde, par Ernest Gaubert.
J.-H. Rosny, par G. Casella.
Edouard Schuré, par L. de Romeuf.
Auguste Dorchain, par A.-E. Sorel.
Comtesse M. de Noailles, par René Gillouin.
Catulle Mendès, par A. Bertrand.
Saint-Georges de Bouhelier, par M. Le Blond.
René Doumic, par E. Beaufils.
Pierre Loti, par Jean Mariel.
L'Abbé Loisy, par Alfred Detrez.
Marcelle Tinayre, par Martin-Mamy.
Henry Bataille, par Denys-Amiel.
Paul Déroulède, par Florent-Matter.
Lucien Descaves, par E. Moselly.
René Bazin, par A. de Bersaucourt.
E. Brieux, par Adrien Bertrand.
Edmond Rostand, par Louis Haugmard.
Monseigneur Duchesne, par Claude d'Habloville.
Georges de Porto-Riche, par Claude Marse.
Paul Hervieu, par Henry Malherbe.

ORLÉANS. — IMP. ORLÉANAISE, 68, RUE ROYALE

9 782013 457040